阿部 彩

Aya Abe

子どもの貧困

――日本の不公平を考える

Eurus

Notus

Boreas

Zephyrus

岩波新書
1157

JN263193

はじめに

日本人の多くがもつ「子どもが育つ理想の家庭」のイメージは、決してお金持ちの家庭ではない。貧しくても、家族の結びつきが強く、温かい、幸せな家庭。私たちが連想しやすいのはそういう家庭である。『サザエさん』の磯野家や『ちびまる子ちゃん』のさくら家、近年では、吉永小百合が温かいおかあさん役を演じて話題となった映画『母べえ』(山田洋次監督、二〇〇八年)。どれも、決して、裕福な家庭ではない。テレビドラマや小説では、むしろ、お金持ちの家庭のほうが冷たく、不幸な育ち方をしているイメージが作られている。『ちびまる子ちゃん』に登場する花輪クンの家は、じいやがリムジンで小学校の送り迎えをするような家庭だが、花輪家よりも、三世代の家族がちゃぶ台を囲んでテレビを見ながらみかんを食べるさくら家のほうが幸せそうである。磯野家もさくら家も「普通の家」であり、「普通の家」で育つ限り、現代日本の子どもは通常は幸せであると考えられていた。

子どもに関する社会問題といえば、厳しい受験戦争からくるストレスや、次から次へと開発されるゲームへの没頭やインターネットからの悪影響など、子どもが属する家庭の経済問題とは別のところで論じられてきた。むしろ、このような問題は、裕福な家庭で育つ子のほうが多いと考えられている風潮さえある。

このような傾向の中で、長い間、日本の子どもが直面している経済状況を社会問題とすることはタブーとされてきた。根底にあったのは、日本が「総中流」社会であるという考えである。たしかに、児童養護施設で育つ子や、生活保護を受ける世帯に育つ子もいるであろうが、そのような子どもはごく少数の特殊な例であり、日本の大多数の子どもは「貧困」などからは遠い位置にあると多くの人が信じてきたのではないか。そして、多少の差はあるものの、すべての子どもがそれ相応の教育を受け、能力と意欲さえあれば、世の中で成功することができるのだ、と。

しかし、一九九〇年代に入ってからは、日本が「格差社会」であることが、多くの人に意識されるようになり、「一億総中流説」は神話と化した。そんな中、二〇〇六年七月には、経済協力開発機構(OECD)が「対日経済審査報告書」にて、日本の相対的貧困率がOECD諸国の中でアメリカに次いで第二位であると報告し、これは、大きな衝撃をもって受け止められ、マスメディアにおいても多く報じられた。いわば、日本の貧困が「お墨付き」となったわけである。「格差」という言葉を日本社会にあてはめることには慣れてきていた一般の人々も、「貧困」という言葉を日本にあてはめて用いられたのはショックであった。

大人の社会で「格差」が存在するのであれば、大人の所得に依存している子どもの間にも、当然のことながら「格差」が生じる。前述のOECDの報告書では、子どもの貧困率についても警告を鳴らしており、①日本の子どもの貧困率が徐々に上昇しつつあり、二〇〇〇年には一四％となったこと、②この数値が、OECD諸国の平均に比べても高いこと、③母子世帯の貧困率が突出して高く、とくに母親が働いている母子世帯の貧困率が高いこと、が指摘された。これらの指摘については、多くの研究者が紹介し、二〇〇七年初めには、野党が国会質問で取り上げ、同年末には「子ども手当法案」を提案するなど、政治的な動きも徐々に高まっている。一般の人々に対しては、二〇〇八年五月に『週刊東洋経済』が、「子ども格差」と題する特集を組んだ（東洋経済新報社、二〇〇八年五月一七日号）。とうとう、「子ども」と「格差」が同じ土俵でマスメディアにて語られることになったのである。このことは、われわれ、長く貧困研究に従事している研究者の中でも、一つのエポックと受け止められた。そして、八月には『週刊ダイヤモンド』においても「格差世襲」という特集が組まれた（ダイヤモンド社、二〇〇八年八月三〇日号）。

しかし、それでも、子どもの経済問題は、依然、「格差」という言葉で語られ、「貧困」は語られているようで語られていない。『週刊東洋経済』の「子ども格差」特集の一部は、「子どもの貧困」最前線」を掲げているものの、中身は虐待問題、生活保護の問題、妊婦健診の公費助成の地域差などを取り上げており、今ひとつ、「子ども」と「貧困」を結びつけていない。その理由は、おそらく、どの程度の生活水準が「貧困」であり、どの程度までが「貧困」でないのか、その境界線がいまひとつピンとこないからであろう。

ＯＥＣＤの報告書の指摘する「子どもの貧困率一四％」は確かに高く感じられるが、ここでいう「貧困」とはいったいどのようなレベルのことを指すのか、はっきりとわからない、というのが、日本のほとんどの人々の感想ではないであろうか。言葉を換えて言うと、資本主義の社会で生きている以上、ある程度の「格差」が生じるのはいたしかたがない。花輪クンの家の生活水準と、ちびまる子ちゃんの家の生活水準に格差があることは社会問題なのであろうか。たしかに、花輪クンとちびまる子ちゃんが、受験戦争で競争するのであれば、たぶん、幼児教育や家庭教師などの恩恵を受けてきた花輪クンが勝つであろう。つまり、「機会の平等」が保障されていないこととなる。しかし、誰もが有名大学に行きたいわけでもないし、行ったからといって、それが幸せにつながる保障があるわけでもない。ここで、また、議論は堂々巡りをしてしまうのである。

貧困研究で著名な岩田正美日本女子大学教授は、貧困と格差の違いを決定づける基準として、貧困は「許容できないもの」と定義づけている(岩田 2007)。つまり、格差が皆無であるユートピアの世界ではともかく、現代資本主義の社会においては、ある程度の高い生活水準の人と、比較的に低い生活水準の人ができてしまう。つまり、「格差」は多かれ少なかれ存在する。子どもにとっても、まったく同じ条件でスタートラインにたつというような完全な「機会の平等」は理想として語られることはできても、それを実質的に保障することは不可能に近い。しかし、貧困と格差は異なる。貧困撲滅を求めることは、完全平等主義を追求することではない。「貧困」は、格差が存在する中でも、社会の中のどのような人も、それ以下であるべきでない生活水準、そのことを社会として許すべきではない、という基準である。

この「許すべきではない」という基準は、価値判断である。人によっては、「日本の現代社会において餓死する人がいることは許されない」と思うだろうし、またほかの人は「餓死する人がいてもしかたがない」と思うかもしれない。また、「すべての子どもは、本人が希望して能力があるのであれば大学までの教育を受ける権利があるべきだ」と思う人もいれば、そう思わない人もいる。だからこそ、「貧困」の定義は、社会のあるべき姿をどう思うか、という価値判断そのものなのである。

本書で取り扱いたいのは、この「許容できない生活水準＝貧困状態」で生活する子どもたちのことである。その過程で、子どもにとって「許容できない生活水準」とは何かという問題を論じていきたい。そのため、いささか、専門用語や統計記述が多い内容となってしまうが、そこはご容赦いただきたい。

なお、従来の児童福祉の分野では、児童虐待のケースや、障がいをもつ子ども、児童養護施設で育つ子どもに着目して、子どもの福祉全般を論じてきた。彼らが抱える問題は、子どもの問題の中でも最も深刻であることは疑いようもない。しかし、本書においては、彼らにとくに焦点を当てて語ることはしない。本書で論じたいのは、そのような子どもたちの状況の背景にある要因の一つとしての「子どもの貧困」であり、さらに、そこで終わらずに、「子どもの貧困」をより多くの世帯に育つ子どもにもかかわる問題として捉えていきたい。「子どもの貧困」が決して、ごく一部の特殊なケースに限られた現象ではなく、すべての人の身近にある問題であることをわかっていただきたいからである。

筆者は、児童福祉関係者でもなければ、「貧しい子ども」に日々接しているわけでもない。そのため、現場における一人一人具体的な子どものケースや描写を本書に含めることはできない。本書の目的は、日本の子どもの貧困について、できるだけ客観的なデータを読者に提供することである。データは、政治を動かす上でパワフルなツールである。これらのデータを精査しながら、「日本の子どもについて、社会が許すべきでない生活水準＝子どもの貧困」が何であるかを、読者とともに考えていきたい。

なお、文中の敬称は略させていただいた。

目　次

第1章　貧困世帯に育つということ

1　なぜ貧困であることは問題なのか

貧しくとも温かい、幸せな家庭に育ち、立派な大人に成長する人は、もちろん存在する。そのような人々がほとんどであろう。逆に、裕福な家庭に育っても、不幸な大人となる人もいる。「はじめに」にて挙げた『週刊ダイヤモンド』の特集は、「元ホームレス社長の檄」などのコラムも載せているが、彼らのように苛酷な状況から社会的に成功した人もいる。そのような方たちには、心から敬意を払いたい。

しかし、問題は確率である。貧困家庭に育つ子どもと、そうでない家庭に育つ子どもが、「温かい」「幸せな」家庭に恵まれたり、経済的に成功したりする確率に違いがあるのか、また、どれほど違うのか、ということである。こうした観点に立ったとき、多くのデータは貧しい子どもが、そうでない子どもに比べ「不利」な立場にあるという事実を示している。

貧困と学力

それでは、まず、国際的な学力調査によって、子どもが育つ家庭の社会経済階級と学力との関係をみていこう。OECDが三年ごとに行う「学力到達度調査（PISA調査）」（二〇〇六年調査の日本の対象者数五九五二人）は、世界中の一五歳の子どもに数学、科学、読解力の共通テストを施して、国々の教育の達成状態を調べるものである。各国に比べて、日本が何位であるかが発表されるので、公表のたびにマスメディアにも大きく取り上げられる。二〇〇〇年、二〇〇三年、二〇〇六年と日本の順位をおっていくと、読解力は八位から一四位、一五位、科学は二位、二位、六位、数学は二〇〇〇年では一位であったのが、二〇〇三年は六位、二〇〇六年は一〇位と、日本の「転落」が目立ち、大きな物議をかもしている。

本書で問題にしたいのは、日本の子ども全体の平均的学力の低下の問題ではない。報道ではあまり触れられることがないが、PISA調査では、各国内での学力格差や、何が格差に影響しているのかも調査している。この学力格差とその動向に着目したい。残念なことに、同調査では家庭の収入はきいていないが、親の学歴と職業をきいているので、それらと子どもの学力の関係の結果を紹介しよう。

まず、父親と母親の学歴と子どもの学力の関係をみると、その差は歴然としている。科学も、読解力も数学も、父母の学歴が高いほどに高くなっている。しかも、格差は拡大傾向にある。二〇〇三年の数学の結果と二〇〇六年の数学の結果を比べると、父親の学歴では後期中等（高校）と高等（大学）の間、母親の学歴では初等（小学校）・前期中等（中学）と後期中等、そして、

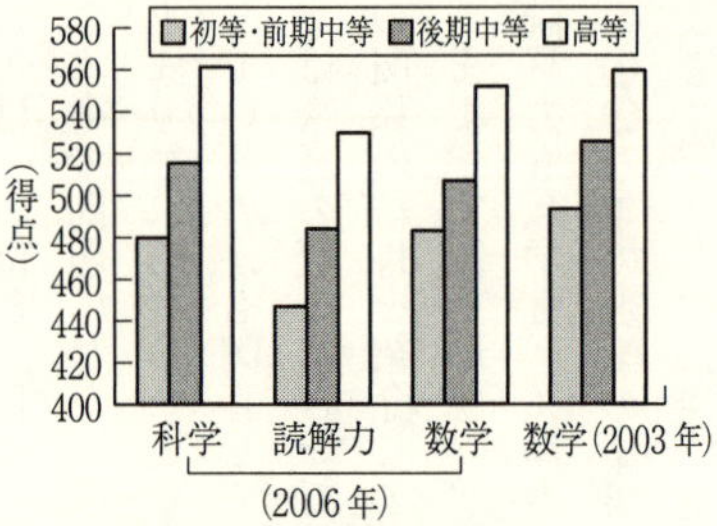

元データ：PISA2006, 2003
出所：国立教育政策研究所編(2007)

図 1-1a　父親の学歴と子どもの学力

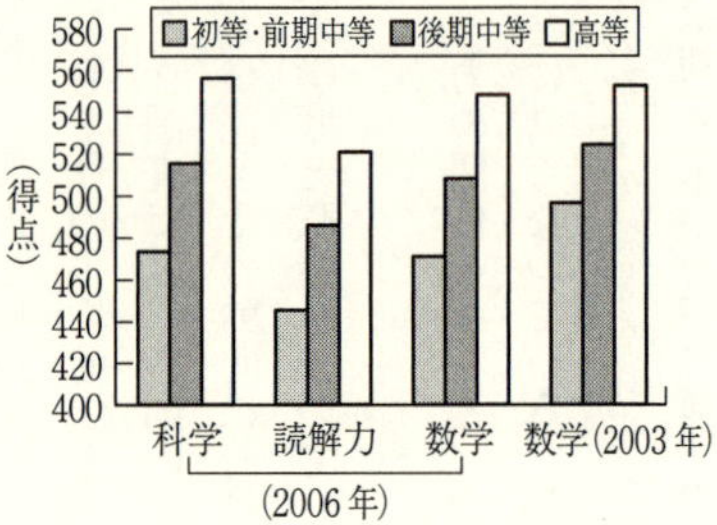

元データ・出所：同上

図 1-1b　母親の学歴と子どもの学力

後期中等と高等の間の差が開いていることがわかる。わずか三年の間に、これだけ格差が広がっているのである。特に母親の学歴が「初等・前期中等」の子どもの数学の得点はもともと低いが、さらに低くなっており心配である。このカテゴリーに属する子どもは全体の四・四％である。

それでは、より直接的に家庭の経済状況に影響していると考えられる親の職業別の学力格差はどうであろう。ＰＩＳＡ調査では、父親と母親の職業と職業上の地位を「国際標準職業分類」によって分類し、「下」「中の下」「中の上」「上」の四つの段階に分けている。それぞれのグループの平均得点をみてみよう(図1-2)。ここでも、親の社会経済階層によって子どもの学力の平均点は大きく異なる。特に気になるのが、「下」の階層に属する子どもたちである。「中の下」と「中の上」の差はさほど大きくなく、「上」はやや突出しているものの、それと同じくらい「中」から離れているのが「下」である。私立中学校に通う子どもの割合は約七%であるので(文部科学省「学校基本調査速報」二〇〇七年度)、「下」「中の下」「中の上」はほぼ同じで、

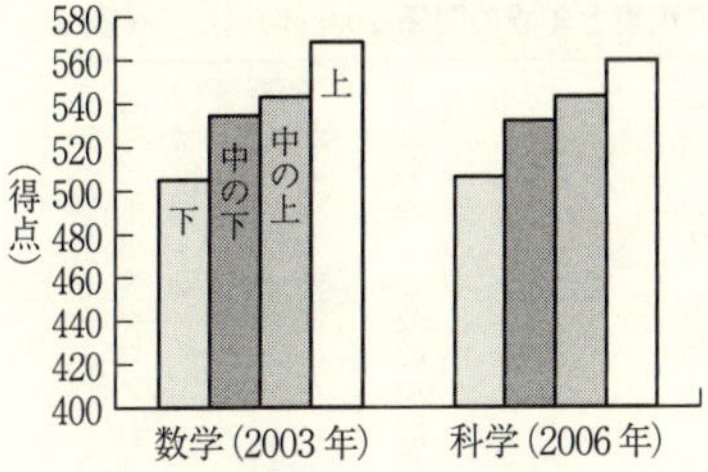

元データ・出所：図1-1と同じ

図1-2　親の社会経済階層と学力

「上」だけが突出しているのであれば、「上」には、いわゆる私立の「受験校」に通っている「エリート」が多く含まれているからとも解釈できるであろう。しかし、「下」の子どもたちと「中の下」の子どもたちは、ほぼ同じように公立の中学校に通っていると考えられる中で、この格差はなぜ生じるのであろうか。

子どもたちの学力格差については、第5章においてもういちど検討するので、ここでは親の学歴や職業によって子どもの学力に格差が生じており、それが拡大していることを頭に留めておいてほしい。

表 1-1　子育て環境と年収の関係(2001 年)　　(%)

年収(円)	休日に子どもと十分に遊んでいる	この一年間、家族でキャンプや旅行にいった	学校の先生と子どものことをよく話す	子どものことでの相談相手が家族の中にいない	子どものことでの相談相手が家族の外にいない	病気や事故などの際、子どもの面倒を見てくれる人がいない
～200 万	26.8	59.2	30.1	19.7	19.7	16.7
～300 万	31.7	63.0	41.5	14.8	15.3	22.6
～400 万	37.0	73.8	36.0	8.6	11.0	10.3
～500 万	30.3	75.2	35.6	6.9	8.6	17.5
～700 万	31.3	83.3	38.2	4.7	6.0	14.6
～1000 万	27.6	88.8	39.6	4.7	16.8	13
1001 万～	38.7	90.3	38.7	0.0	6.3	9.4

データ：松本らが行った小 2，小 5，中 2 を育てている親 1023 人対象とする調査(2001 年)
出所：松本(2007)

貧困と子育て環境

読者の方々の中には、「成績が少々悪くたっていい」と思うかたも多いかもしれない。または、塾や幼児教育などの学校外の教育が普及している今、家庭の社会経済階層によって子どもの学力に差が生じるのはいたしかたがない、と思われるかたもいるであろう。たとえ、学校の成績が悪くても、子どもたちが温かい家庭でのびのびと育っていればよいのではないか。

ところが、親が子どもを育てる環境も、家庭の経済状況によって、大きく左右されていることを示すデータがある。松本伊智朗札幌学院大学教授らは小学校二年生、五年生、中学校二年生の子どもをもつ親を対象として、子育てと所得の関係の調査を行っている(サンプル数一〇二三、調査年二〇〇一年)。その結果の一部を示したものが、表1-1である。

「休日に子どもと十分に遊んでいる」と答えた親の比率は、年収一〇〇〇万円以上の親では三八・七%、年収二〇〇万円以下の親では二六・八%である。「子どものことでの相談相手が家族の中にいない」とした親は年収二〇〇万円以下では一九・七%であるのに対し、年収七〇〇万円以上では四・七%、一〇〇〇万円以上では〇%である。「病気や事故などの際、子どもの面倒を見てくれる人がいない」とする親も、年収二〇〇万円以下だと一六・七%、一〇〇〇万円以上だと九・四%である(松本 2007)。

すべての親は一生懸命に「温かい家庭」を築こうとするのであろうが、親の年収によって、子育ての環境は大きく異なっているのである。相談相手もいない、いざという時に支援してくれる人もいない、休日もゆっくりと子どもと過ごせない、という状況であれば、「温かな家庭」で「のびのび」と子どもが育つことが困難になってくる。もちろん、すべての低所得の家庭がそうであるわけでもないし、これはあくまでも「確率」の話であるが、低所得の世帯に子育てに困難をかかえる親が偏っていることは疑いの余地がない。

貧困と健康

先日、ショッキングな新聞記事を読んだ。健康保険をもたない子どもたちが増えているという内容である(「朝日新聞」大阪版、二〇〇八年八月二一日、東京版、同年九月二日)。日本は、「国民皆保険」を社会保障制度の基本的な理念として掲げており、すべての国民が健康保険にカバーされていることを誇りとしてきた。もちろん、子どもも例外ではない。親が職場からの健康保険に加入している場合は扶養家族としてカバーされ、そうでなければ、自治体による国民健康保険に世帯単位で加入しているはずである。

しかし、近年、国民健康保険の保険料の滞納が増加しており問題となっている。二〇〇六年には、国民健康保険の被保険世帯の一九%が保険料を滞納している。滞納が続くと、保険証が取り上げられ、「被保険者資格証明書」が発行される。証明書では医療費はいったん全額負担となるため、医療を受けることをためらい、治療がおくれて死亡するケースも報告されている。資格証明書は全国で約三五万世帯に交付されており、この数は被保険世帯の一・四%にあたる(鈴木 2008)。

国民健康保険の問題は筆者も知っていたが、それが、子どもにも及んでいるという事実には驚かされた。国民健康保険は世帯を単位として加入するため、未加入の世帯内に子どもがいれば、自ずと、その子どもたちも無保険状態となる。大阪社会保障推進協議会(大阪社保協)の調査によると、「無保険」状態の中学生以下の子どもは大阪府内で少なくとも一七二〇人という。また、横浜市の社会保障推進協議会は、同市内では資格証明書をもつ小中学生が三六九二人、全体の一・三％と報告している（「朝日新聞」同右）。

そもそも、このような「無保険」状態になる前においても、健康保険の扶養家族の医療費にかかる自己負担割合は三割、本人でも一割から二割、二割から三割と引き上げられている。このような状況の中で、たとえ保険料を納付していても、自己負担費が高いために、よっぽどの病気でない限り子どもを医療機関に連れていけない人が現れても不思議ではない。自治体によっては、子どもの医療費を無料としているところもあるが、対象児童年齢はまちまちであり、そのような制度がまったく存在しない自治体も多い。子どもが育つ家庭の経済状況によって、子どもの健康に差が出てしまう可能性は日本においてもおこっている可能性が高いのである。

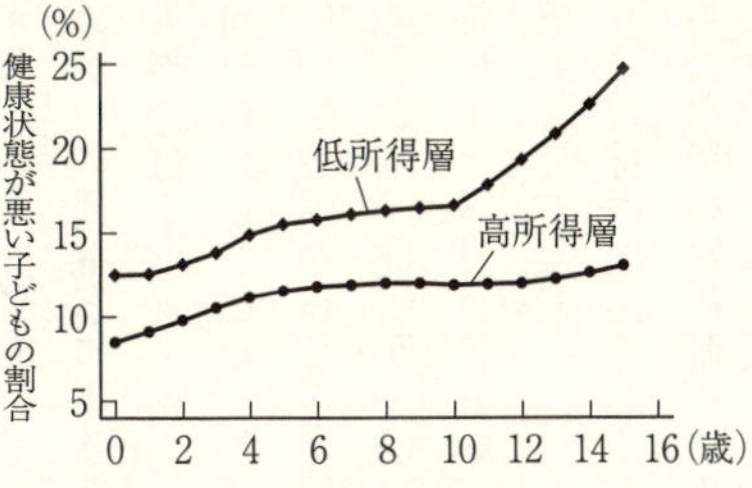

出所：Currie and Stabile (2003)

図 1-3　カナダの子どもの健康格差

それでは、実際に、子どもの健康と子どもの属する家庭・経済状況の関連を示すデータはあるのであろうか。残念ながら、筆者の知る限り、日本ではそのようなデータは存在しない。しかし、諸外国においては、いくつもの研究が「子どもの健康格差」を実証している。たとえば、カナダの研究者によると、低所得層と高所得層の子どもの健康の格差はたしかに存在し、しかも格差は子どもの年齢が上がるに連れて拡大すると分析している(Currie and Stabile 2003)。年齢の異なる子どもたちの健康格差を分析した結果、格差は〇歳からすでに存在するものの、特に一〇歳頃からさらに拡大し始め、その拡大は低所得層(定義はカナダ公式貧困線以下の世帯)の子どもの健康が一〇歳を過ぎると急スピードで悪化するためであるとしている(図1-3)。同様に、アメリカにおいても、子ども期における健康格差の存在と、その拡大が確認されている(Case et al. 2002)。

一言付け加えておくが、カナダにおいては「国民皆保険」が達成されており、すべての子どもは無料の医療制度によってカバーされている。アメリカはすべての国民を対象とする公的健康保険制度が存在しない独特な国であるが、低所得層の子どもに関しては州政府が無料の医療保険を提供している。アメリカもカナダも、少なくとも子どもの医療のアクセスは平等になるように政府が努力しているのである。であれば、なぜ、子どもの健康に差が出てきてしまうのであろうか。欧米の研究では、栄養状況、住居や地域の環境、家庭内の環境など、さまざまな説が分析の対象となっている。これらについては、次項で議論していきたい。

貧困と虐待

欧米における子どもの貧困研究でたび重ね指摘されるのは、子どもへの虐待と家庭の経済環境の関係である。しかしながら、この関係についても、日本においては、あまり認知されていない。近年になってようやく、一般の人々の目につく場所にも、この関係について書かれた書籍が刊行されるようになった。その代表的なひとつ『子どもの貧困』（浅井春夫ほか編、明石書店、二〇〇八年）の中で、東京都北児童相談所児童福祉司の川松亮は、子どもの虐待と貧困の間には統計調査に裏付けられる相関関係があるとして、四つの調査結果を挙げている。ここでそのうちの二つを紹介しよう。

まず、二〇〇二年度に子ども家庭総合研究所が行った調査では、三都道府県一七児童相談所で「児童虐待」として保護された五〇一のケースにおける家庭の状況を分析した結果、「生活保護世帯」が一九・四％、「市町村民税非課税」「所得税非課税」世帯が合わせて二六％であった。合わせると半数近くになり、日本全体の有子世帯に比べると、低所得の世帯に偏っていることがわかる。世帯タイプ別には、母子世帯が三〇・五％、父子世帯が五・八％、母子と内縁の夫の世帯が九・九％と、ここでもひとり親世帯の割合が多い。「虐待種別」ではひとり親世帯ではネグレクト（育児放棄。病気の時放置する、充分な食事を与えない、身の回りの世話をしないなど）が多い傾向にあり、家計の担い手であることと育児の両立が困難であることが想像さ

表 1-2　児童虐待が行われた家庭の状況

家庭の状況	ケース数	合わせて見られるほかの状況(上位 3 つ)
ひとり親家庭	460	①経済的困難 ②孤立 ③就労の不安定
経済的困難	446	①ひとり親家庭 ②孤立 ③就労の不安定
親族・近隣からの孤立	341	①経済的困難 ②ひとり親家庭 ③就労の不安定
夫婦間不和	295	①経済的困難 ②孤立 ③育児疲れ
育児疲れ	261	①経済的困難 ②ひとり親家庭 ③孤立

元データ：東京都福祉保健局「児童虐待の実態Ⅱ」(2005 年 12 月)
出所：川松亮「児童相談所からみる子どもの虐待と貧困」浅井春夫ほか編『子どもの貧困』(2008)

れる。

また、二〇〇三年に東京都福祉保健局が行った調査によると、都内の児童相談所が受理し児童虐待として対応を行った約一七〇〇件数の事例の保護者の就労状況は、実父が定職についているのは五五・五％に過ぎず、無職が一七・六％と多い。なんらかの職がある実父は六七・七％であり、都全体の八一・六％に比べると一四％低い。ひとり親世帯が多い上に、ふたり親世帯であっても、父親の職が安定的でない割合が高いことがわかる。世帯の種類では、母子家庭が三〇・六％、父子世帯が五・〇％となっている。

表1-2は、ケースを扱った担当者が、児童虐待につながったと思われる家庭の状況について複数回答できいたものである。「孤立」や「育児疲れ」が、虐待の原因として着目されることが多いが、一番多い回答は「ひとり親家庭」と「経済的困難」であり、一位に「育児疲れ」とした場合においても、「経済的困難」が複合的な状況として挙げられている。

「育児疲れ」や「孤立」というと、幼い子を抱えながら、まわりに相談相手もおらず、ひとりで、深夜にしか帰ってこない夫を待っていて、精神的に追い詰められる主婦を連想するが、そのようなケースはむしろ少ないと考えられる。

日本で、貧困と虐待の関係性が議論されてこなかった理由の一つには、「貧困者＝児童虐待者」というイメージを固定させてしまうような差別を避けたいという配慮もあると考えられる。しかし、虐待を発生させてしまうような家庭の経済問題に目をつむってきたことにより、虐待を防止する本当に必要な手段が講じられてこなかったといえる。児童相談所職員を中心として結成されている全国児童相談研究会は、「従来から児童相談所で応じているさまざまな相談の背景には、共通して養護の問題が潜んでいると考えてきました。ここで言う養護問題とは、広い意味での貧困問題ととらえることができますが、児童虐待の背景には、しばしば非常に深刻かつ複雑な養護問題が隠されている」とし、雇用の不安定化や福祉の削減などによる「生活の不安が離婚やＤＶ(ドメスティック・バイオレンス)、児童虐待の背景要因の一つになっている」とする(全国児童相談研究会 2003)。そして、児童虐待の防止のためには、「児童虐待対策そのものの充実にあわせ、貧困対策・労働対策など広く国民生活全般を支援する」必要があると提言している(同右)。

貧困と非行

家庭の貧困は、子どもが非行にかかわってしまう確率をも高める。しかし、この事実にも、日本は目をつぶってきた。少年院に入所している子どもたちの調査などで著名な岩田美香北海道大学准教授は、「一九七七年の『犯罪白書』において初めて「少年非行の普遍化」が言われてから、少年犯罪や少年非行において貧困要因が表立って取り上げられることはない」という（岩田 2008）。

岩田がしばしば引用するデータが以下である。二〇〇四年の『矯正統計年報』（法務省）によると、全国の少年院における新収容者五二四八人の出身家庭の生活水準をみると、富裕層が二・八％、普通層が六九・八％、貧困層は二七・四％と、実に三割近くの少年院生が「貧困状態」に育っていたという。少年院生の家庭に占める貧困層の割合は、一九八五年（三一・九％）から一九九五年（二一・六％）にかけて減少傾向にあったが、その後反転し、二〇〇四年には一九八五年に近い割合まで増加している。また、一九八五年から二〇〇四年の一般保護少年の家庭状況をみると、貧困の割合は八・一～一四・五％であるのに対し、少年鑑別所にはいっている少年の場合は一七・五～二六・八％、少年院では二一・六～三一・九％と、少年がかかわった犯罪の度合いが重いほど、その少年が貧困世帯出身である確率が高いのである。

岩田は、「貧困家庭の子育ちは、単にお金が不足することだけではなく、子どもたちの家庭環境や生活経験などの違いとなって現れてくる。……中略……高校への進学が制限される中で学生でいられる期間も短く、失敗する余裕がない子育ちのプロセスを経てきている」と指摘する（同右）。岩田の調査によると、少年院生は一般の学生に比べ、夕食を家族そろって食べる率は極端に低く、ひとりで食べたり、家族以外の人と食べることが多い。また、家族に暴力をふるわれることが多く、将来の職業の希望も少ないという。家族タイプをみると、母子世帯と思われるケースが四割を占め、父子世帯も一割近い数値となっている。

ここで言いたいのは、「貧困層の子どもは危ない」などというステレオ・タイプを作ることではない。子どもを非行に走らせてしまうような家庭に支援の手を差し伸べることの必要性である。少なくとも、非行の影に、貧困という社会問題が存在することを、まず認識しなければならない。

貧困と疎外感

次に、家庭の貧困と子ども自身の生活の質の関係についてのデータを示したい。冒頭に引用したOECDの「生徒の学習到達度調査」の二〇〇三年調査では、子どもの学力のほかに、子どもが学校生活をどう感じているかを調べている。二〇〇三年は、「学校ではよそ者だ（またはのけ者にされている）と感じている」「学校は気後れして居心地が悪い」などといった設問に同

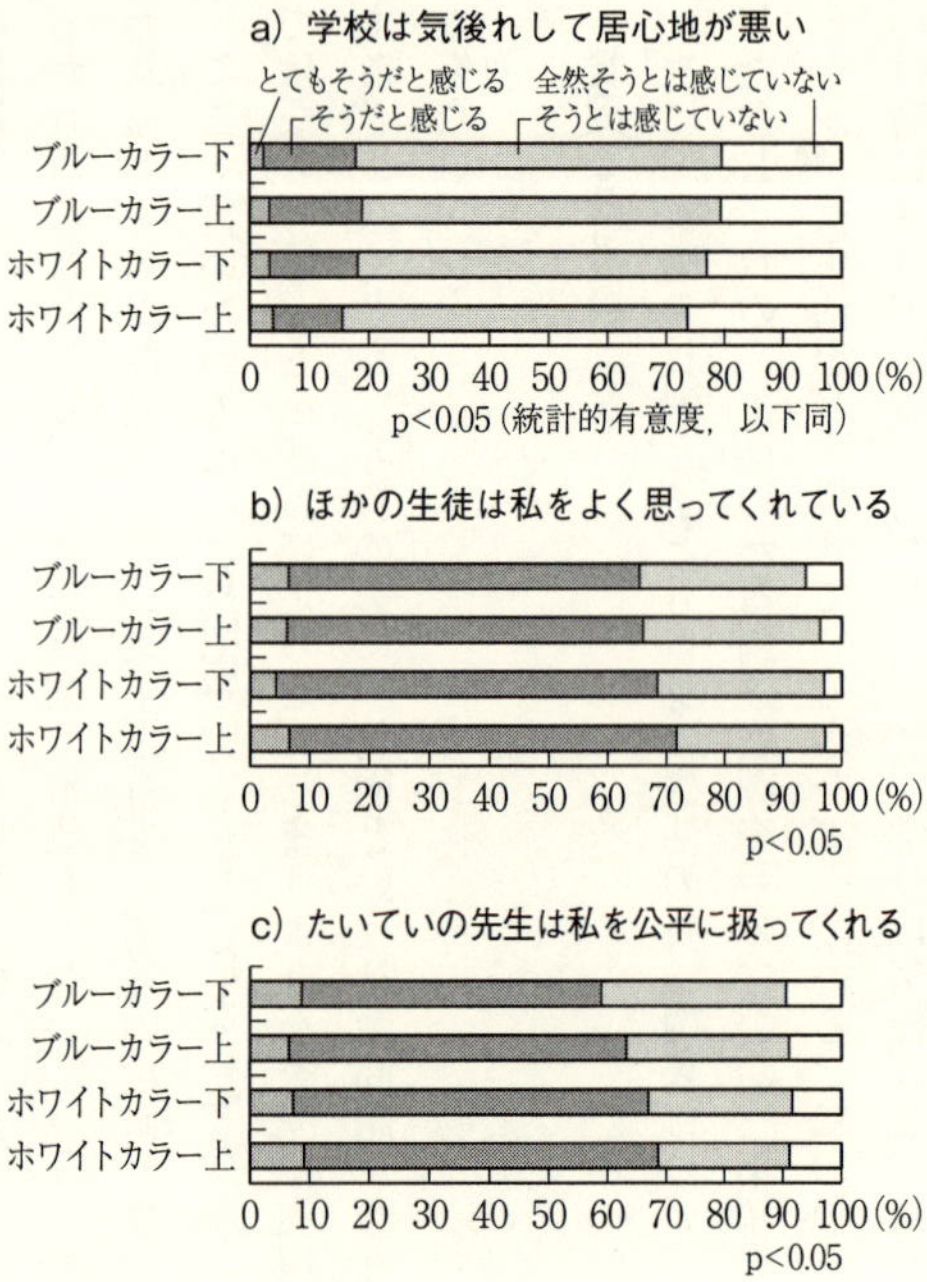

出所：PISA2003 調査の個票より筆者計算

図 1-4　子どもは学校生活をどう感じているか

意するか否定するかが調査された。すると、日本の子どもは他国の子どもに比べて圧倒的な割合で「とてもそうだと感じている」「そうだと感じている」と答えたのである。とても悲しいデータである。

筆者が着目したのは、日本の中でも、どのような子どもがこのような疎外感を感じているのかである。そこで、親の職業と学歴からＯＥＣＤが作成した社会経済階層（「ホワイトカラー上」「ホワイトカラー下」「ブルーカラー上」「ブルーカラー下」）別に、結果を集計してみると図１-４となった（すべて五％有意）。

「学校は気後れして居心地が悪い」という設問に対して、「とてもそうだと感じる」「そうだと感じる」と答えたのは「ブルーカラー」の子どもたちであり、逆に、「全然そうとは感じていない」と否定するのは「ホワイトカラー上」が多かった。「ほかの生徒は私をよく思ってくれている」という友だちからの評価に関しては、やはり、社会経済階層が高いほど同意している。「全然そうとは感じていない」という全面的否定は、「ブルーカラー下」に多い。最後に、「たいていの先生は私を公平に扱ってくれる」という先生との関係についても、明らかに、社会経済階層が高いほど同意しており、低いと否定している割合が多い。「ブルーカラー下」となると、四割の生徒が「そうとは感じていない」。

学校は、子どもの生活の中で中心的な位置を占める。学校生活で、子どもたちがいかに居心地がよく、その一員と感じているかは、子ども自身の生活の質に大きく影響するであろう。このような主観的なものにおいても格差が生じているのである。

2　貧困の連鎖

大人になってからも不利

ここまで、貧困世帯に育つ子どもが、学力、健康、家庭環境、非行、虐待などさまざまな側面で、貧困でない世帯に育つ子どもに比べて不利な立場にあることをデータをもって示した。これらは、子ども期における経済状況と、その時点の、つまり子ども期における状況との関係である。この関係性については、児童福祉などの現場にいる人々にとっては、周知の事実であるし、多くの読者も実感としてうなずけるものであろう。

しかし、子ども期に貧困であることの不利は、子ども期だけで収まらない。この「不利」は、その子が成長し大人になってからも持続し、一生、その子につきまとう可能性がきわめて高いのである。

これを、実証的に検証している研究は諸外国には多く存在する。欧米諸国においては、子どもの成長を一〇年、二〇年といった長期で継続してフォローし、子ども期の貧困の経験と子どもが成長してからのさまざまな状況がどのように関連しているかを調べており、二つの間に明らかな相関関係があることが報告されている。

たとえば、アメリカのある研究においては、二五歳から三五歳の成人の勤労所得、(成人となってからの)貧困経験が、どれほど子ども期(五歳から一八歳)の世帯所得に影響されているかを分析しており、特に男性の勤労所得や賃金(時給換算)、貧困経験が、子ども期の貧困に直接影響されていると報告している(Corcoran & Adams 1997)。

また、別の研究においては、一九五七年に高校を卒業した一万人以上の人々を三四年後の一九九一年にフォローアップして調査している。これによると、高校卒業時点での親の所得は、最終学歴や大学進学率に響いていただけではなく、五二歳時点での就労状況、勤労所得にも影響していると報告されている(Hauser & Sweeney 1997)。子ども期の貧困経験は、「いつまでたっても不利」である確率が高いのである。

一五歳時の暮らし向きとその後の生活水準

日本においては、このように長期にわたってフォローした調査がないので、子ども期の貧困と大人になってからの状況の関連についての研究はなかなか進んでいない。しかし筆者が行った調査で興味深い結果が出ているので紹介しよう。

筆者らは、二〇〇六年に東京近郊の地域において二〇歳以上の男女約一六〇〇人(住民基本台帳より無作為抽出、訪問留め置き方式)を対象とする「社会生活に関する実態調査」を行った。調査の目的は、人々の暮らし向きを、「低所得」「物品の欠如（テレビや電子レンジなどの所有）」「衣食住の状況（「食べ物にこまったことがあるか」「家には雨漏りがするか」など）」「社会とのかかわり（「選挙に行くか」「町内会に参加するか」など）」「人とのかかわり（「週に何回人と話すか」「病気の時に介抱してくれる人がいるか」など）」と広範囲の項目で測ろうというものであった。この調査では、最低二〇歳から最高九三歳の約六〇〇〇人の対象者から回答が集められた。

この調査の質問事項に、「一五歳時点での生活状況」という項目を加えてみた。一五歳というのは、義務教育の最終年齢である。その時点において、家庭がどのような経済状況にあったのかが、それから最低五年、長ければ七八年たったその後の暮らし向きに関連しているのかを見たかったからである。

結果は、一五歳当時の暮らし向きは、現時点での基本的な生活必需品について満たされているかどうかに大いに関連していた。たとえば、「過去一年間に金銭的理由で食料が買えなかった経験がある」とした人は「一五歳時の暮らし向き」が「大変苦しい」とした人は二六％、「苦しい」とした人は一五％、そのほかの「普通」「ややゆとりがある」「大変ゆとりがある」とした人は六％であった。

さらに、「過去一年間に家賃の滞納経験がある」「家族専用のトイレがない」などの住居にか

a) 過去1年間に金銭的理由で家族が必要な食料が買えなかった経験あり

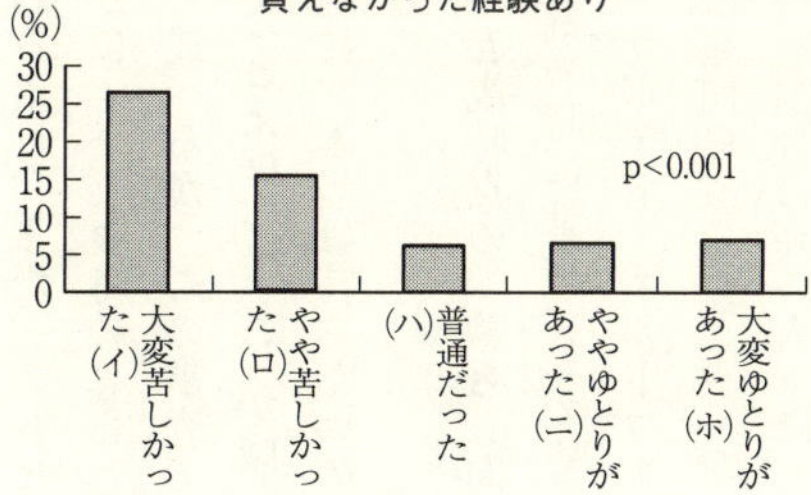

b) 家財・家電が経済的な理由で持てない

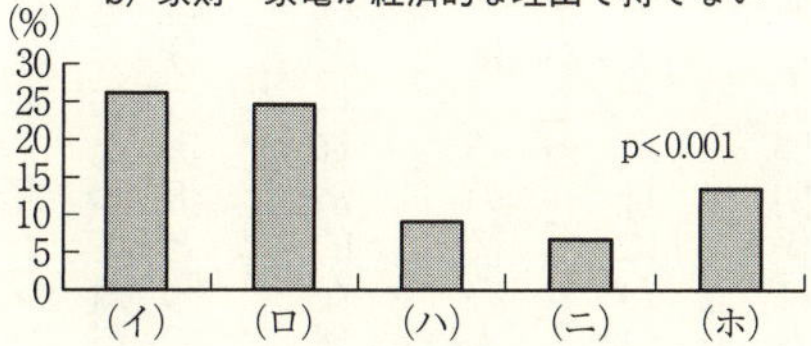

注：家財・家電＝(テレビ，冷蔵庫，電子レンジ，冷暖房機器，湯沸器，電話，携帯電話，ビデオデッキ，ステレオ，またはラジカセ，パソコン，礼服，スーツ，家族全員に充分なふとん)のうち1項目以上が欠けている

c) 住環境が悪い

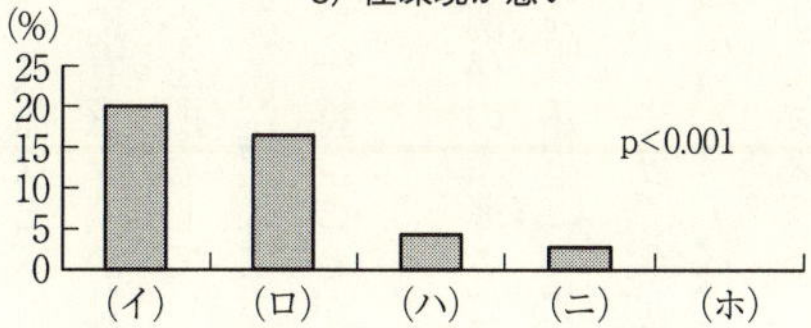

注：住環境＝過去1年間に家賃の滞納経験がある，住設備(家族専用のトイレ，家族専用の台所，家族専用の洗面所，食事と寝室が別，家族が夫婦以上の場合の複数の寝室)のうち3項目以上が経済的な理由で持てない

d) 人間関係の欠如

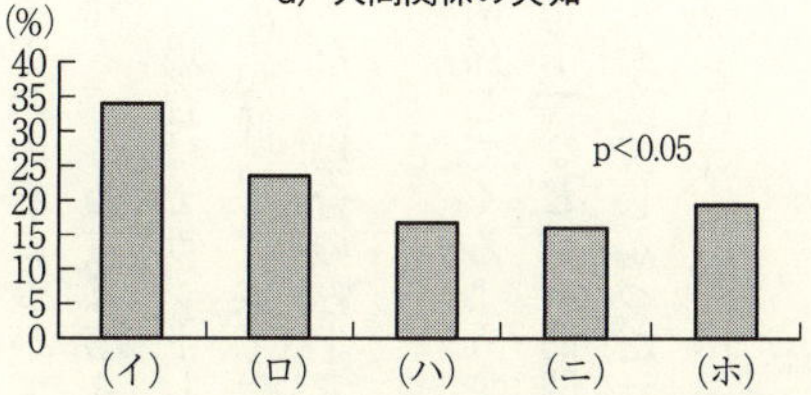

注：人間関係の欠如＝(病気の時に世話してくれる人，1人でできない家事の手伝い，転職・転居・結婚などの人生の相談，家族内でのトラブルの相談，寂しい時の話し相手，子どもや老親を時々みてくれる同居家族以外の人)が3項目以上が欠けている

出所：「社会生活に関する実態調査」より菊地(2007)作成
すべての図においてその項目を希望しない場合を除く

図1-5　15歳時の暮らし向きとこんにちの生活水準

かわる項目、また、テレビ、冷蔵庫、電子レンジ、礼服など家財・家電の所有についても、明らかに「一五歳時の暮らし向き」によって統計的に有意な差が見られる。この点は第6章で詳しく述べるが、この調査では自分の選択として何かを所有していない場合はカウントしていない(たとえば、テレビが嫌いでテレビを所有していない場合は生活水準が低いとは考えない)。単純に、本当は持ちたいのだけど「経済的な理由で」持つことができない場合のみを考慮している。

一五歳時点の「暮らし向き」は、その後の人間関係の希薄さにも関係してくるようである。「病気の時に世話をしてくれる人」「寂しいときの話し相手」「相談相手」など、人間関係におけるサポート・ネットワークを表す項目においても、一五歳時点で「大変苦しかった」とした人は三四%、「やや苦しかった」は二三%、「普通だった」人は一六%というふうに、「苦しかった」割合の高い人々ほど希薄な人間関係にあるのである。

これらの関連性は、なぜ、起こるのか。簡単に考えられるのが、現在の所得の低さである。つまり、一五歳時の「暮らし向き」と現在の所得に相関があるから、図1-5で観察される相関が成り立つという考えである。さらに想像力を膨らませると、以下のような図式が頭に浮かぶ。

「一五歳時の貧困」→「限られた教育機会」→「恵まれない職」→「低所得」→「低い生活水準」「恵まれない職」と「低所得」の間には、「解雇経験」や「離婚」など、貧困と関係が深い人生上のイベントも入るかもしれない。

そこで、この図式を検証するため「重回帰分析」という手法を用いてみた。この手法は、いくつもの条件をそろえた上で、それでも、ある変数Xがほかの変数Yと関係があるかを統計的に検証することができる方法である。この場合、そろえる条件は、「現在の所得」「性別」「年齢層」「現在単身であるか」「子どもの有無」「(長期の)病気・怪我の経験」「離婚経験」「解雇経験」であり、変数Xは「一五歳時の暮らし向き」、変数Yは「現在の生活水準(食料欠如の経験、家財・家電の欠如、住環境の悪さ、人間関係の欠如)」である。

すると、「食料欠如の経験」「家財・家電の欠如」にて、ほかの条件をそろえた上でも、「一五歳時の暮らし向き」が影響しているという結果を得た。つまり、現在の所得など、ここに挙げた条件がすべて同じ二人の人がいて、一方の一五歳時の暮らし向きが「苦しく」、もう一方が「ゆとりがある」とした場合、それでも、この二人の間に現在の生活水準の差があるのである。

これは筆者にとって大きな発見であった。なぜなら、これまで、子ども期の貧困がなんらかの形で大人になってからの生活水準に影響するにしても、それは、大人になってからの「所得」という媒体を通してだけだと思っていたからである。しかし、もし「現在の所得」を考慮した上でも、「子ども期の貧困」の影響が残っているのだとすれば、貧困という「不利」は、「現在の所得」に限らず、一見目に見えない形で、しかし、確実に、蓄積されていることになる。つまり、以下の図式が成り立つことになる。

「15歳時の貧困」→「限られた教育機会」→「恵まれない職」→「低所得」→「低い生活水準」

この日本の調査は、比較的に対象者数の少ない、しかも、一地区に限った調査なので、その結果はまだ暫定的であるとしか言えない。これから、このような調査がもっと蓄積されなければ、子ども期の貧困と成人になってからの生活水準との関係の解明はすすまない。しかし、欧米におけるさまざまな研究や、この日本の結果を統括すると、そこから示唆される内容は明らかである。**子ども期の貧困は、子どもが成長した後にも継続して影響を及ぼしている。**

つまり、子どもが貧困状態で育つことは、その子どものその時点での学力、成長、生活の質などに悪影響を与えるだけでなく、それはその子どもが一生背負っていかなければならない「不利」な条件として蓄積されるということである。そして、それは単に「低所得」になるというだけで表されるものにはとどまらないかもしれない。子ども期の貧困というのは、あとから解消できない「不利」なのである。

世代間連鎖

子ども期の貧困経験が、大人になってからの所得や就労状況にマイナスの影響を及ぼしているのだとすれば、その「不利」が次の世代にも受け継がれることは容易に想像できる。本書の冒頭で紹介した『週刊東洋経済』の「こども格差」特集の見出し記事は、大阪府堺市の生活保護を受給している世帯の「貧困の連鎖」であった。生活保護を受けている三九〇世帯を調べた結果、うち二五％が親の世代においても生活保護を受給していたという（道中 2007）。母子世帯に限ってみると、この数字は四一％となる。この調査はマスメディアにて繰り返して報道され、衝撃的に受け止められた。

社会学の分野では、親の階層と子どもの階層との間に深い関係があることはかねてからよく知られている。親の学歴と子どもの学歴には相関があるし、親の職業階層と子の職業階層にも相関がある。これらを示すデータは大量に存在するので、その中から一般読者にもわかりやすいいくつかを紹介しよう。

吉川徹大阪大学准教授は、ＳＳＭ調査（社会階層と社会移動全国調査）という大規模の調査を使って、親の学歴と子どもの学歴の継承について詳しい分析をしている(吉川2006)。図1-6は、一九九五年時点において二〇歳から六九歳であった男女の学歴を父親の学歴別にみてみたものである(同右)。これによると、父親が大卒である場合は、本人も大卒である割合が六六%であるのに対し、父親が中卒である場合は一四%しかない。あきらかに、親が高学歴であると、本人も高学歴となる可能性が高い。貧困の連鎖の観点からみると、父親が中卒である場合は、子どもも中卒である割合が三割、高卒が約五割であり、大卒となるのは一四%である。父親が中卒であると、子どもも中卒となる確率が高く、大卒となる確率は大幅に低い。

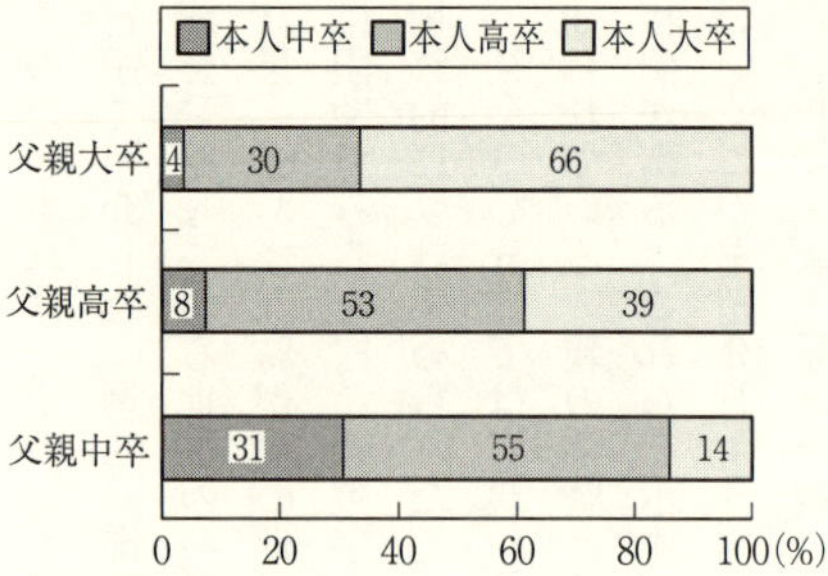

p<0.001
出所：吉川(2006)

図1-6　学歴の世代間関係(20-69歳男女)

しかし、このデータでは二〇歳から六九歳という幅広い年齢層の人を対象としているので、学歴の親子間の継承というのは比較的に年齢が高い層だけにみられる現象かもしれない。そこで、吉川はサンプルを生まれ年一〇年ごとの世代に区切って分析をすすめている。詳しい数値は割愛するものの、吉川の結論はこうである。「日本社会全体の学歴の世代間関係は、こんにちの五〇代以上、つまり戦前‐高度経済成長期になされた学歴取得にかんしては、平等化・開放化に向かっていた」が、大卒／非大卒という大きな境界でみると、その後の世代では、「いったん進んだ平等化は、完全に障壁を解消するにはほど遠い水準で行き詰まり、こんにちの若い層では、どの指標でみても再閉鎖化の途上にある」(吉川 2006)。

このような結果は、学歴だけではなく、職業階層の継承においても報告されている。佐藤俊樹東京大学准教授は、特に社会の上層の職業階層においては、親子間の継承の度合いが、「大正世代」「戦中派」「昭和ヒトケタ世代」と落ちていくが、その後の「団塊の世代」で反転して上昇していると分析する(佐藤 2000)。学歴でみても、職業階層でみても、世代間継承は常に存在し、いったんはその関連性は弱まってきていたものの、また、近年、強くなってきているのである。

貧困研究の観点からみると、この学歴や職業階層の連鎖が、社会の下層でどの程度おこっているかが関心の的である。この点については、SSM調査ほどサンプル数は多くないものの、福祉関係の研究者が多くの事例研究を積み重ねている。

たとえば、青木紀北海道大学教授は生活保護を受けている一九の母子世帯に対する詳細なインタビューをもとに、「不利の蓄積」を記録している。それによると、一九世帯のうち一四世帯は実家が不安定職業であり、一二世帯が経済的困難を経験している(うち、生活保護経験は三世帯)。また、半数以上が親の離婚や父親の死亡を経験したという。また、少々古いデータであるが、鎌田とし子東京女子大学名誉教授は、一九七六年に生活保護を受けている中高年単身者六三名を調査しており、このうち、未成年時の家庭において貧困であったのは四四%、父の死亡を経験したのは二一%、母の死亡を経験したのは二四%、長い間病人がいたのが二七%であったと報告している(鎌田編 1999)。被生活保護世帯、児童虐待をおこしてしまう親、ホームレスの人々など、生活問題をかかえる人々の多くは、親の世代から「不利」を引き継いでいるのである。

3　貧困世帯で育つということ

貧困と成長を繋ぐ「経路」

なぜ、貧困は子どものさまざまな成長に影響するのか。

これまでに紹介してきたいくつもの統計は、子どもが育つ世帯の所得と、子どものさまざまな成長の結果としての学力、健康などとの関係を示しているものの、直接因果関係を証明したものではない。子ども期の貧困と子どもの成長との関係は、両方と関係のある異なる要因によって引き起こされている可能性もあるからである。

このことは、貧困対策を講じる上で非常に重要な問題を引き起こす。たとえば、もし、子どもの最終学歴が、「親の所得によっては、高校や大学にかかる教育費が出せない」という事実だけに影響されるのであれば、無償教育を徹底させることによって、貧困の子どもの不利を解消することができる。しかし、子どもの学力が、家庭環境に影響されているのであれば、無償教育だけでは、貧困の子どもの不利は改善されない。たとえ政府が高校・大学を全額無料としたとしても、家では両親がいつも不在であり、誰も「宿題をしなさい」という人がいない状況で子どもが育っているのであれば、進学するだけの学力が身につかないかもしれないのである。

子どもの貧困に対する具体的な対策として、どのような内容(所得保障、親の就労支援、教育プログラム、食料扶助など)の政府の介入策が有効であるのかを知るためには、貧困がどのように子どもの成長に影響しているのかを見極める必要がある。この貧困から成長への影響の仕方を「経路(パス＝path)」と呼ぶ。

残念なことに、どのような「経路」が存在するのか、その決定的なしくみはまだ解明されていない。貧困をテーマとする研究者の仕事はまさにこの経路を解明することであり、世界中の貧困研究者がこの問題に取り組んでいるといってもよい。その結果、部分的ではあるが、いくつかの事実がわかってきている。一つの事実は、経路は一つではなく、複合的であり、貧困世帯のさまざまな側面を反映していることである。図1-7は、その一部を整理したものである。

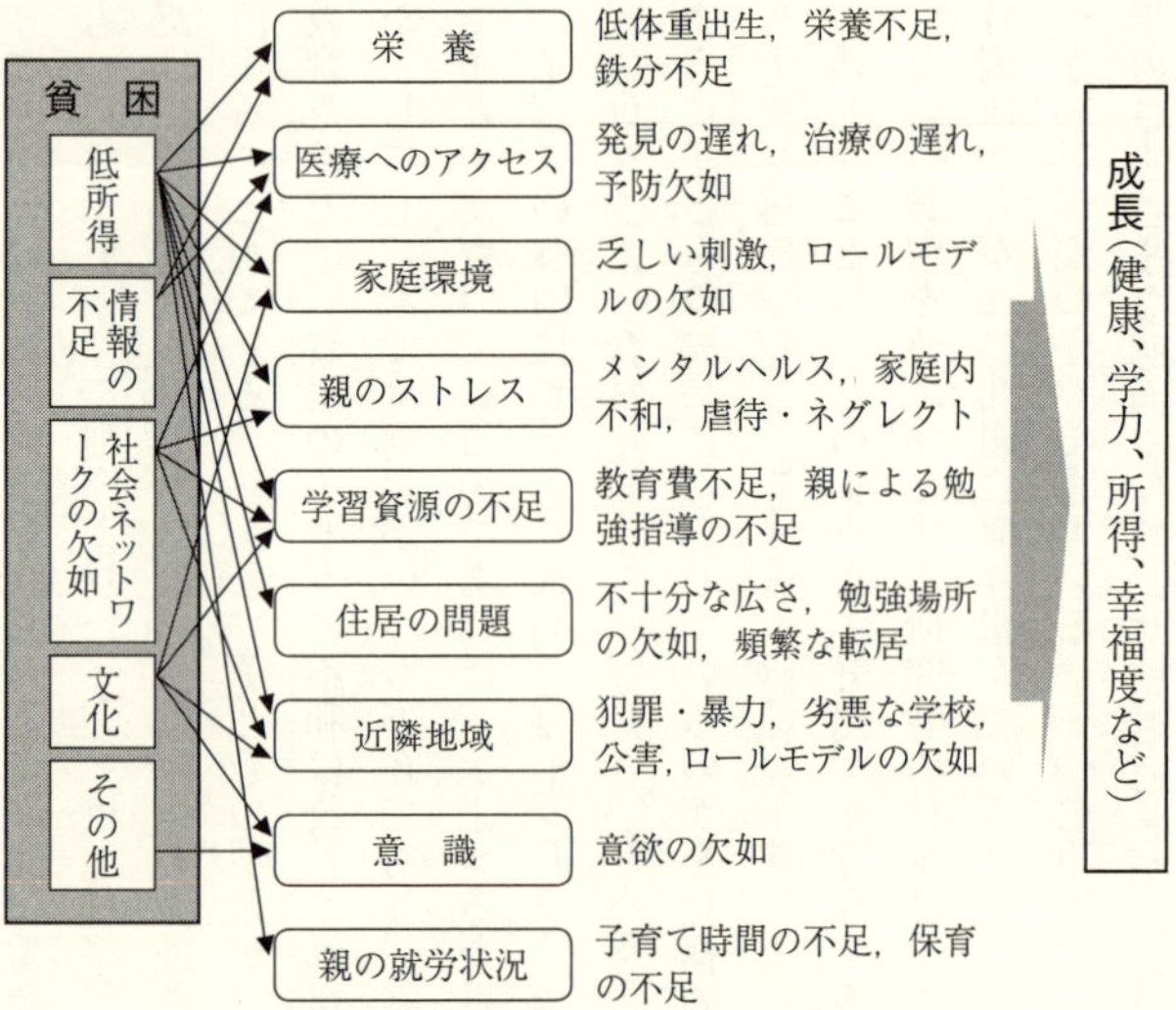

出所：Seccombe（2007，和訳小西 2008）の図をもとに筆者追加

図 1-7　貧困と成長をつなぐ「経路」

ここに挙げたさまざまな「経路」をすべて説明することはしないが、ここでは、主な説をいくつか紹介しよう。

さまざまな「経路」

一番直感的に考えやすい経路は、経済的なものであろう。お金がないので、子どもを高校・大学に行かせることができず、ましてや、塾やお稽古事、スポーツ教室などにも通わせることができない。一流大学に進学させるのにも、プロのスポーツ選手に育てるのにも、それなりの「投資」が必要である。「投資」の方法としては、子どもの教育費など直接の支出もあれば、評判のよい公立小学校がある地域に住むことや、夏休みに海外経験させることや、住居に子ども部屋があるなど、一見「子育て費」には含まれていないような項目も考慮に入れる。これらは、まとめて「投資論(Investment Theory)」といわれる。

もう一つは、「良い親論(Good-Parent Theory)」といわれるものである。「良い親論」の中には、主に「モデル論」と「ストレス論」がある。「モデル論」は、親は子のモデルとなるため、親自身の出世や学歴達成に対する価値観が子どもに引き継がれるというものである。医者の子は医者に、政治家の子は政治家になるために努力をする。大卒の親をもつ子は、自分も少なくとも大卒にならなければと思う(これを吉川は、「学歴下降回避メカニズム」と呼ぶ(吉川2006))。その結果、親の職業階層や学歴が子に引き継がれる。逆に、親はマイナスの「モデル」ともなりうる。たとえば、親自身が劣悪な職業についていたり、所得が低いことによって、学業や勤労に対して悲観的な考えをもつようになり、その考えが子どもにも継承される。「ストレス論」は、経済的に困難な状態が続くことにより、親にストレスが溜まり、家庭内が子どもがゆったりと健全に成長できる環境でなくなるという説である。経済的ストレスは、親の夫婦間のけんかや親戚などの間の緊張をも誘引する場合があり、最悪の場合には虐待などにもつながる可能性がある。

また、子どもの成長は、子どもを取り巻く経済環境、いわゆる「育ち」によって決定されるのではなく、生物学的に親から引き継がれる能力によって決定されるという「遺伝説」もある。成績が良い子は、親も頭がよく、「能力」が受け継がれることにより、世代間の職業・所得階層や貧困が受け継がれるというものである。さすがに貧困研究者の間ではこのような説を唱える人はほとんどいなくなったが、一般的には、まだまだ根強い俗説である(「〇〇君は、お父さんが東大出身だから、頭がいいね」など)。

社会学の分野では、親から継承される「文化」に着目する説も多い。たとえば、「文化的再生産論」では、人は育った家庭で「文化資本」を獲得し、その不平等がのちのちの地位達成などの成長に不平等をもたらすというものである。ここでいう「文化資本」とは、学力など目にみえるものだけではなく、身についたものごし、知的な話し方など、目にみえないものも含まれる。また、反学校文化などといった類の「文化」の継承も視点に入る。近年においては、「子ども時代に生活保護など政府からの援助を受けている世帯に育つとその「くせ」がつく」などと主張する研究者もいる(「福祉依存文化論」)。

そのほかには、地域という媒体を通す「経路」も存在する。たとえば、学校の質や近隣住民なども含めた居住地域の環境などがそれにあたる。欧米のスラム地区で育つ子どもについてよく言われるのが、子どもが「ああいう大人になりたい」と思えるような大人が近所にまったくいないというものである(ロールモデルの欠如)。子どもの遊ぶ道路の側で、麻薬の取引が行われているような環境の影響なども指摘されている。現代日本においても、地域格差は存在し、このような話は決して「外国のかわいそうな話」ではない。

ここで強調しておきたい。「遺伝説」を始め、「文化論」も「モデル論」も、「貧困者は能力がない」「貧困者は勤勉な文化をもたない」「貧困者は努力が足りない」など、一つ間違えば貧困者に対する偏見につながりかねない危険性をもつ。このような偏見は、かつてアメリカなどにおいても「アンダークラス（underclass　下位階級）論」として、大手を振るっていた。つまり、貧困の継承は、親から受けつがれる資質によるものであるという考えである。しかし、現在の欧米の貧困研究では、そのような文脈で語られることはまずない。貧困の人々が、将来に対して悲観的になったり、「がんばってもしかたがない」という考えをもっているのだとすれば、それは、彼らをそのような考えに向かわせた社会のしくみの問題であるという認識がひろまったからである。

やはり所得は「鍵」

欧米の貧困研究からわかってきた二つ目の事実は、いくつもの経路が存在するのだとしても、**親の収入は、多かれ少なかれ、子どもの成長に影響する**ということである。これを証明しているのが、先に述べた、子どもを長期にわたって観察しているデータをもつ国々からの研究成果である。

右に述べたような非経済的な「経路」の影響を除去して、「所得」という経済的な「経路」の影響だけを観察するためには、厳密には、子どもの能力や家庭の環境、親の子育てに関する意識、地域環境など、ほかのすべての条件が同じで所得だけが異なる二人の子どもの成長を比較すればよい。つまり、「コントロール・グループ」と、所得だけがコントロール・グループより異なる「対象グループ」を比較するという実験的枠組みが必要なのである。もちろん、新薬のテストであれば、このような実験を行うことができるが、社会的な実験というのはなかなか難しい。しかし、アメリカでは、このような社会実験が多く行われており、子どもの成長に対する所得のみの影響(「所得効果」と呼ぶ)を検証する研究が多く存在する。つまり、同じ地域において、たくさんの被験者を募り、その中から無作為に半数を選ぶ。そして、その対象グループには毎月○○ドルといった所得保障を行い、残りの半数のコントロール・グループには何も行わない。そして、数か月から数年後に二つのグループの子どもたちの成績、学歴達成などがどのように変化したかを見るのである。もし、対象グループの子どもたちだけが、成績が上がり、コントロール・グループでは上がらなければ、所得のみの影響、つまり所得効果が存在するということになる。

このような手法を使った研究のほぼ一致した結果は、所得効果は存在するということである。

たとえば、クラーク－カフマンらは、〇歳から一五歳までの子どもを対象とした一四の実験プログラムの対象グループとコントロール・グループを比較している(Clark-Kauffman et al. 2003)。プログラムは、単純な現金給付のものから、現金給付に加えて(親の)就労支援プログラムを行うもの、就労支援プログラムのみが提供されるものなど、さまざまである。その結果、潤沢な現金給付のプログラムであれば〇～五歳児の成長(プログラムに参加してから二年から五年の間に測定される学力テストや教師による評価)にプラスの影響を与えるものの、現金給付がないプログラム(サービスのみのプログラム)や現金給付が充分な額でないプログラムでは影響が見られなかったと報告している。つまり、所得の上昇だけによって、子どもの学力は向上したのである。

4　政策課題としての子どもの貧困

求めるのは格差を縮小しようという姿勢

「はじめに」で述べたように、どのような子どもも同じような家庭で育ち、まったく同じ教育を受け、まったく同じ条件で、世の中の競争に向かっていくなどという完全な「機会の平等」は、私立学校や塾を禁止し、家庭環境にまで国が介入しなければ達成することはできない。

その意味で、「機会の平等」は、すでに存在していないし、存在していたこともない。本章で紹介した多くのデータについても、「いまさら、驚くことはない」と思う読者の方も多いであろう。

人にはそれぞれもって生まれた素質があり、勉強のできる子もいれば、運動ができる子もいて、差があって当然であると思われる人もいるかもしれない。社会の競争の中では、勉強ができなくても「不利」であるし、運動神経が鈍くとも「不利」、見た目がよいかそうでないかも結果を左右するであろう。家庭の経済状況や家庭環境も「不利」の一つであるのだから、そのような「不利」をもった子がいたとしても、かわいそうであるが、いたしかたがないという考えである。

筆者は、「いたしかたがない」という考えには賛成できない。その子が生まれ出る世帯の状況というのは、その子どもの資質の外の問題である。これは、一〇〇メートル走で最初からスタートラインを一〇メートル後ろに引かれているようなものである。これでは、たとえ、その子がどんなに速く走る資質をもっていたとしても、勝てる見込みがない。類まれな素質と意欲があれば、それでも一〇〇メートル走に勝つかもしれないが、その確率は小さい。

繰り返すが、ここでいいたいのは「完全な平等」がなくてはならないということではない。本書の主張は以下の二点である。

第一に、子どもの基本的な成長にかかわる医療、基本的衣食住、少なくとも義務教育、そしてほぼ普遍的になった高校教育(生活)のアクセスを、すべての子どもが享受するべきである。「格差」がある中でも、すべての子どもに与えられるべき最低限の生活がある。これが「貧困基準」である。本書の題名が「子どもの格差」ではなく、「子どもの貧困」である理由はここにある。これは、「機会の平等」といった比較の理念ではなく、「子どもの権利」の理念に基づくものである。

第二に、**たとえ「完全な平等」を達成することが不可能だとしても、それを「いたしかたがない」と許容するのではなく、少しでも、そうでなくなる方向に向かうように努力するのが社会の姿勢として必要**ではないだろうか、ということである。その点で、日本の社会、そして、日本の政府は、子どもの貧困について、今まであまりにも無頓着であった。「一億総中流」という幻想に、社会全体が酔わされていたように思う。

しかし、特に第二の主張に関しては、その「努力」をするために、どこまで財政投入をするべきかという疑問は残る。日本の厳しい財政事情の中で、貧困の子どもに財源を投入することが賢明かということについて懐疑的な読者に対して、いくつかの反論を簡単に述べておこう。まず、「機会の平等」が達成されていないことは、社会としての損失である。一等であるべき者が一等とならず、二等の子が一等となれば、社会全体としてレベルダウンするのは当然の成り行きである。つぎに、何割かの子どもが将来に向けて希望をもてず、努力を怠るようなことなれば、社会全体としての活力が減少する。格差がある中でも、たとえ不利な立場にあったとしても、将来へ希望をもてる、その程度の格差にとどめなくてはならない。子どもの貧困に対処することは、その子自身の短期・長期の便益になるだけではなく、社会全体の大きな便益となるのである。

第2章　子どもの貧困を測る

1　子どもの貧困の定義

それでは、日本の子どもの何%が貧困であるのか。この問いに答えるのは、簡単なようで簡単ではない。日本には、政府による公式な貧困基準(貧困線)が存在しない。諸外国では、公式な貧困基準を設定して、その基準以下の人の割合を減らすことを公約している政府もあるが、残念ながら、日本政府は貧困基準そのものさえ設定していないので、公式な統計による貧困率も計算されていない。

公式な貧困基準が存在しない中で、マスメディアを含め、日本の多くの人は「貧困」をイメージでしか捉えていない。たとえば、アフリカの難民の子どもや第二次世界大戦直後の日本など、食べるものや着るものにも事欠く状態であれば、大多数の日本人は「貧困」であると答えるであろうが、それ以上のイメージは曖昧である。現代日本の社会において、給食費が払えない子どもは「貧困」なのであろうか、公園で寝泊りしているホームレスは「貧困」なのだろうか、毎日夕食をファーストフード店でとらなければいけないフリーターはどうであろうか。いったい、どれくらいの生活水準までが「普通」で、どこから以下が「貧困」であるのか。所得で言えば、いったい、何万円くらいが、その境界線となるのであろうか。

前述のように二〇〇六年にOECDが「対日経済審査報告書」において、日本の貧困率が一五・三%であり、OECD諸国の中でも最低ランクに入ると指摘したとき、多くの人がこのニュースを衝撃的に捉えたのも、この一五%という数値が人々の感覚からみてかけ離れた数字であったからであろう。たしかに、餓死や凍死するような状況を貧困のイメージとして持っていれば、日本の中で、貧困の人々、ましてや貧困の子どもたちが、少なからず存在するということさえ信じがたいことかもしれない。しかし、この数値がはじきだされた貧困の定義がどのような根拠をもって、どのように設定されたのか、理解している人は意外と少ない。

また、マスメディアにおいては、しばしば「〇人に一人は、生活保護基準以下で暮らしている！」「〇割が年収二〇〇万円以下」などという記述がセンセーショナルに使われるが、「生活保護基準」にしても、それがどのように決められているのかを知っているのは少数の福祉関係者や研究者だけではないだろうか。「二〇〇万円以下」も、感覚的には低い気がするものの、それ以下だと「貧困」と言えるのであろうか？

そこで、本章では、OECDなどで一般的に使われる子どもの貧困の定義の説明からはじめることとしたい。

相対的貧困という概念

ＯＥＣＤや欧州連合（ＥＵ）などの国際機関で先進諸国の貧困を議論するときに使われる貧困基準も、日本の生活保護法によって決められている生活保護基準も、「相対的貧困」という概念を用いて設定されている。相対的貧困とは、人々がある社会の中で生活するためには、その社会の「通常」の生活レベルから一定距離以内の生活レベルが必要であるという考え方に基づく。つまり、人として社会に認められる最低限の生活水準は、その社会における「通常」から、それほど離れていないことが必要であり、それ以下の生活を「貧困」と定義しているのである。なぜなら、人が社会の一員として生きていくためには、働いたり、結婚したり、人と交流したりすることが可能でなければならず、そのためには、たとえば、ただ単に寒さをしのぐだけの衣服ではなく、人前にでて恥ずかしくない程度の衣服が必要であろうし、電話などの通信手段や職場に行くための交通費なども必要であろう。これらの「費用」は、その社会の「通常」の生活レベルで決定されるのである。

これに対する概念が、「絶対的貧困」である。絶対的貧困とは、人々が生活するために必要なものは、食料や医療など、その社会全体の生活レベルに関係なく決められるものであり、それが欠けている状態を示す。絶対的貧困は、その概念を打ち出したのが二〇世紀初頭のイギリスの貧困研究者シーボーム・ロウントリー（一八七一―一九五四年）であり、彼が貧困を「労働能力を維持するための、最低限」の「食費」を基とする方法で定義したため、「衣食住」を最低限満たす程度の生活水準以下と解釈されることが多い。発展途上国で飢える子どもや、終戦直後の日本など、一般の人々がイメージしやすい貧困は、「絶対的貧困」の概念ということができる。

この二つは、根本的に異なる概念のように見えるかもしれないが、実は、それほど離れてはいない。ある社会で、何が「絶対的貧困」であるのかは、その社会に存在する人々の考えによって左右され、その社会の生活レベルをどうしても反映してしまうからである。これを説明するのに、筆者がよく使う例は「靴」である。いま、仮に、靴が買えず、裸足で学校に行かなければならない子どもが日本にいたとしよう。日本の一般市民のほとんどは、この子をみて「絶対的貧困」の状態にあると考えるであろう。しかし、もし、この子がアフリカの農村に住んでいるのであれば、その村の人々は、靴がないことを必ずしも「絶対的貧困」とは思わないかも知れない。つまり、「絶対的貧困」であっても、それを判断するには、その社会における「通常」と比較しているのであり、「相対的観点」を用いているのである。

現在では、ＯＥＣＤやＥＵなど、先進諸国の貧困を論じるときには、「相対的貧困」を用いることが多い。これは、ロウントリーが定義したような「絶対的貧困」は、先進諸国においてはほぼ撲滅されているという前提で貧困が論じられているからである。

相対的貧困の定義

実際に、相対的貧困率はどのように計算されるのであろうか。

ＯＥＣＤで用いられるのは、手取りの世帯所得(収入から税や社会保険料を差し引き、年金やそのほかの社会保障給付を加えた額)を世帯人数で調整し、その中央値(上から数えても、下から数えても真ん中、平均値でない点を留意されたい)の五〇％のラインを貧困基準とする方法である。気をつけていただきたいのは、「手取り」ということと、「世帯所得」ということである。つまり、その人が実際に使うことができるのは、収入ではなくて、そこから、税金や社会保険料を払い、その上に年金や児童手当など政府からもらえる金額を足した「手取り所得」である。税金や社会保険料負担が増加の一途を見せている今日では、「手取り」であるか、そうでないかは大きな違いになる。

もう一つは、「世帯」で合算した所得をみる必要があるということである。近頃、マスメディアでは、勤労者の〇〇％が年収〇〇円以下であり「ワーキング・プア」であるなどとの記述が多く見られるが、そういったデータの中には、専業主婦が夫の収入を補完するためにパートとして働いている人もいれば、子どもが自分のお小遣い稼ぎにアルバイトをしている場合も含まれる。人々の生活水準は、世帯全体の所得レベルで決まると考えると、厳密には、これらの人々は一概に「貧困」状況にあるとはいえないのである。

貧困率の定義に戻ろう。OECDは、その社会で一番標準的(中央値)の「手取り」の「世帯所得」の約半分以下の生活を「貧困」と定義している。この「五〇%」という数値は、絶対的なものではなく、四〇%や六〇%を用いる場合もある。EUは、公式の貧困基準のひとつに中央値の六〇%を用いている。

この貧困線は、多くの国際機関や研究者に用いられており、先進諸国の貧困を測る上では、もっとも一般的なものである。しかし、これについても批判がないわけではない。その一番大きなものは、所得はあくまでも、生活のレベルを間接的に予測させるものであり、生活レベルそのものではないというものである。たとえば、大富豪が財産を少しずつ取り崩しながら、優雅な生活をおくっているような場合は、所得はゼロであるかもしれないが、生活レベルは決して低くない。これに対する反論は、このようなケースは例外であり、通常は、生活レベルと所得には強い関連性がみられる、という共通の認識である。人々の生活レベルを客観的に測るのは容易ではないので、所得を代替変数とするのである。生活水準を直接測る方法については、第6章に詳しく述べるので参照されたい。

もう一つの大きな批判は、五〇%であっても、六〇%であっても、その線引きは恣意的なものであり、結局のところ、研究者の〝おあそび〟に過ぎないというものである。もちろん、生活レベルは連続的なものであり、貧困線を一円でも下回れば「貧困」であり、一円でも超えれば「普通」であるというような性格のものではない。この批判に対しては、貧困線はあくまでも、目安であり、貧困の動向や傾向をみるためのツール(道具)であるとしか言うことができない。

ある人が「貧困」であるのか否かは、客観的に完璧に判断できるものではない。しかし、おおよその推測をすることはできる。所得の中央値の五〇%を用いる方法や第6章に述べる剝奪(デプリベーション)による貧困の測定の方法は、長年にわたってその推測の方法を議論してきた貧困研究の中で開発されたものなのである。貧困の測定方法が存在することによって、その動向をモニターすることが可能となり、増加傾向にあるのか減少傾向にあるのかを把握することができる。また、国際比較が可能となり、他国に比べて、自分の国の貧困が多いのか、少ないのかを比べることができる。さらに、貧困削減を政策の目標としたり、政策評価の指標とすることができるのである。また、社会の中のどのような人が貧困の高いリスクを背負っており、政策の対象とするべきかを検討することができる。そして、場合によっては、貧困を、政府の貧困対策のプログラム(日本でいえば生活保護や社会保険料の減免制度など)の対象者を識別する一つの基準として用いることもできる。そのために、OECDやEU、国際連合(UN)などの国際機関も専門家委員会などを作って、貧困基準の選定と測定方法の精緻化を日々こころみているのである。

重要なのは、測定しようという姿勢である。線引きすることや、誤差を恐れて、貧困を測定することを躊躇していては、貧困はいつまでたっても「想定の産物」であり、貧困を政策議論の机上に載せるための第一歩が踏み出せないこととなる。

貧困率と格差

貧困率の説明に戻ろう。相対的貧困を直感的に理解するために、社会全体の所得分布における貧困線の位置を確認しておきたい。図2-1は、実際の日本の世帯所得の分布を表している（二〇〇三年度）。単位は「個人」である。すべての「個人」（子どもも含む）の「世帯所得」は、その人が属する世帯の世帯員全員の所得を合算し、それを世帯人数で調整した値である。横軸はそうして計算された「一人当たり」の世帯所得である。もし、これを世帯の合算所得に換算したい場合は、その数値に世帯人数の平方根をかけていただきたい。

実線は二〇〇三年の実際の所得分布であり、各所得層（ここでは五〇万円単位）に人口の何％が属しているかを示している。線の「山」の下にあたる部分を足すと一〇〇％となる。一番人口の割合が多いのは、二五〇から三〇〇万円のカテゴリーであり、全人口の一四・三％がこの所得層に属する（一人当たり。二人世帯の場合は三五六～四二四万円、四人世帯の場合は五〇

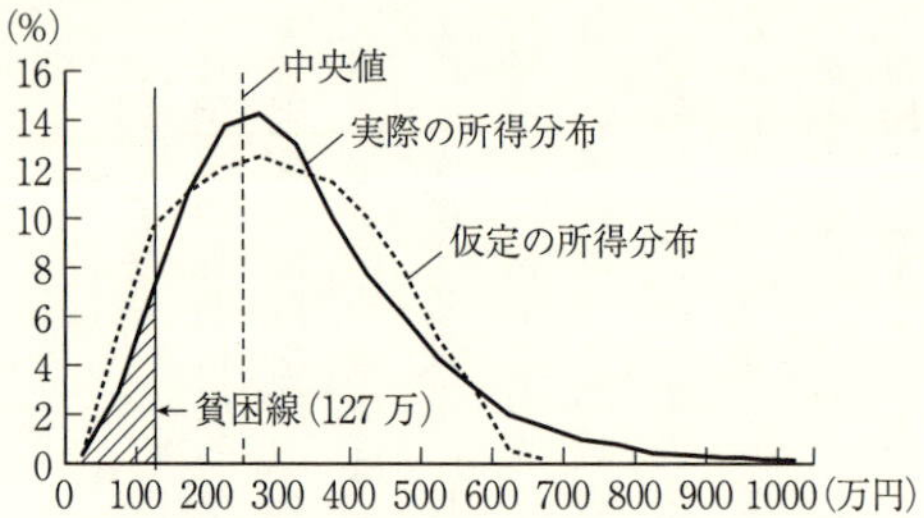

注：貧困線＝127 万円．世帯単位でみると，一人世帯では 127 万円，二人世帯の場合は，127×$\sqrt{2}$＝180 万円，4 人世帯の場合は，127×$\sqrt{4}$＝254 万円である．
出所：「国民生活基礎調査」2004 年から筆者推計

図 2-1　日本の等価世帯所得の分布と貧困世帯（2004 年度）

〇～六〇〇万円）。所得の中央値は、二五四万円であり、これはこの山の頂上の少し左となる。貧困線は、中央値の五〇％なので、（一人当たり）一二七万円である。左側の縦線が貧困線を表す。この貧困線の左側、斜線部分に属する人々が貧困と定義される。貧困率は、実線の下の「山」の面積（全人口）のうち、何パーセントの人々が貧困線の左（斜線部分）にあるかという指標である。「子どもの貧困率」は、全子どものうち、貧困線の左側にいる子どもが何％いるのか、を表す。

　こうやって計算される相対的貧困線は、驚くほど、生活保護基準に近い数値である。もともと、生活保護基準も、一般世帯の中のほぼ中央に位置する世帯の消費水準の約六〇％になるように設定されており、ＯＥＣＤの相対的貧困基準に非常に近似した考えに基づいているので、当たり前といえば当たり前である。しかし、生活保護基準は、家族の人数や年齢、居住地などによって異なる非常に難しい計算式で算定されるため、この二つが実は似通った貧困基準であるという事実はあまり浸透

表2-1　相対的貧困線と生活保護基準(2006年)　　（単位：万円）

モデル世帯の事例	相対的貧困基準	生活保護基準*1
1人世帯(68歳)	127	84〜111
2人世帯 (母子世帯, 母32歳, 子5歳)	180	140〜181
4人世帯 (父35歳, 母32歳, 子10歳, 8歳)	254	204〜265

*1　3級地-2〜1級地-1を想定
*2　母子加算約24〜28万円(年間)を加算．母子加算は2005年度から段階的に縮小されており，2009年度には全廃の予定である．
出所：生活保護基準は『保護のてびき』2006年度版から筆者推計

していない。

そこで、確認のために、二つを計算してみると、表2-1のとおりである。生活保護基準の下の数値は物価水準が低いと考えられている地方の郡部、上の数値は東京都二三区など物価が高いといわれている地域の基準を示している。これでみると、相対的貧困基準は、一人高齢者世帯はやや高めであるがほぼ、生活保護基準の範囲内に収まっている。

筆者が相対的貧困の説明をする際に、しばしば受けるコメントが二つある。

一つが、「相対的貧困とは「格差」と同じことですね」というコメントである。しかし、これは違う。格差とはこの「山」の全体の形を考慮した指標である。貧困率は、端的に言えば、貧困線より右側の山の形は考慮していない。仮に、図2-1で実線で示す所得分布が、点線の所得分布に移行したとしよう。高所得層が減少し、「山」が低くなることにより、より平等な所得分布となっており、格差は減少する。だが、貧困線より左の部分は大きくなっており、貧困率は増加している。このように、貧困率と所得格差が、反対の動きを見せることは、しばしば見られる。

たとえば、一九九一年から二〇〇〇年にかけてアメリカのジニ係数(代表的な所得格差を表す指標。大きい数字ほど格差が大きいことを表す)は〇・三三八から〇・三六八へと上昇したが、同期間に貧困率は一八・一%から一七・〇%へ減少している(Luxembourg Income Study; LIS)。アメリカは一九九〇年代に入ってから、高所得層の所得がますます増加し、格差が拡大した。ところが、この間、低・中所得層の所得も若干増加したため貧困率は低下したのである。同じ格差の拡大でも、それが、貧困の増加を伴うのか、貧困の減少を伴うのかによって、社会に与えるインパクトがまったく異なることは言うまでもない。

二つ目によく受けるコメントが、「それじゃあ、相対的貧困はなくなりませんね」というものである。つまり、所得分布というのは大まかにこのような「ベル型」をしているのが知られているので(真ん中が多く、両端に向かって少しずつ下がっていく)、どのような国であっても貧困率はおおよそ同じような値になるのであろうという解釈である。しかし、これも正しいとはいえない。

先進諸国においても、「ベル型」の形はさまざまであり、貧困率もさまざまな数値をとる。たとえば、ルクセンブルクの一九九四年の貧困率は三・九%、同年のアメリカの貧困率は一七・

八％である。子どもの貧困率は、さらに差が大きく、九五年のフィンランドのそれは二・〇％、九四年のアメリカは二四・五％である(同右)。先進諸国が、どれも、同じような貧困率の値をしているわけではないのである。さすがに、「貧困率＝〇％」という国は見当たらないが、一九九〇年代の先進諸国の間でさえ、数％から人口の四分の一という数値まで幅があるのである。

この違いは何によるものなのか。簡単に言えば、その社会における経済状況や雇用状況に加えて、国や地方自治体による政策である。政策とは、最低賃金や雇用に係わる規制はもちろんのこと、公的扶助や児童手当、公的年金といった社会保障制度である。国が、どれほど貧困を減らすことにコミットしているかによって、貧困率は大きく左右される。これについては、第3章で詳しく述べる。

2　日本の子どもの貧困率は高いのか

社会全体からみた子どもの貧困率

それでは、この相対的貧困を使って、子どもの貧困率を計算してみよう。まず、子ども(ここで言う子どもの定義は、二〇歳未満の非婚者。また、この定義に合致していても、その子が世帯主である場合は、親元から離れている学生などの可能性があり、親をも含む世帯所得がわ

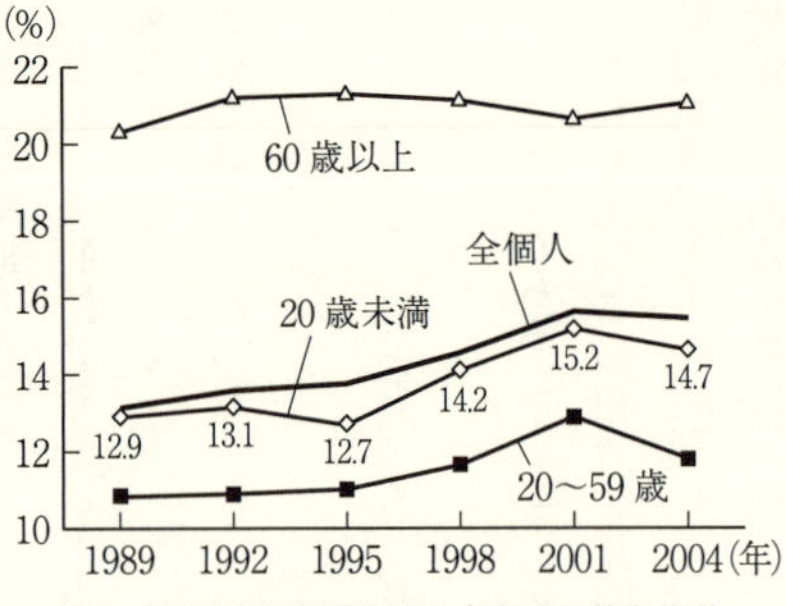

出所:「国民生活基礎調査」各年から筆者推計

図 2-2　貧困率の推移(1989-2004 年)

からないためサンプルから除外)の貧困率を、中年層(二〇～五九歳)、高齢層(六〇歳以降)と比較してみよう。図2－2は、厚生労働省が行っている「国民生活基礎調査」の大調査年(サンプル数は、約二・五～三万世帯)を使って、一九九〇年から二〇〇四年にかけての貧困率を年齢階層別に示したものである。

これによると、日本の社会の中で、一番、貧困となる割合が大きいのは高齢者であり、その貧困率は二〇～二一%と高い数値で推移している。一番、貧困となる割合が低いのは中年層であり一一～一三%となっている。二〇歳未満の子どもの貧困率は、最新の二〇〇四年のデータでは、一四・七%である。つまり、約七人に一人の子どもは貧困状態にあるということである。

一九九〇年代にはいってから、子どもの貧困率は大きく上昇している。八九年の一二・九%から二〇〇一年の一五・二%へと上昇し、〇四年には若干減少して一四・七%となっているものの、その上昇率は他のどの年齢層よりも高い。同時期に、高齢者の貧困率は横ばいであるのに対して、子どもの貧困率が上昇していることは、この国の社会保障制度からの給付が高齢者に極端に偏っていることと無関係ではない。

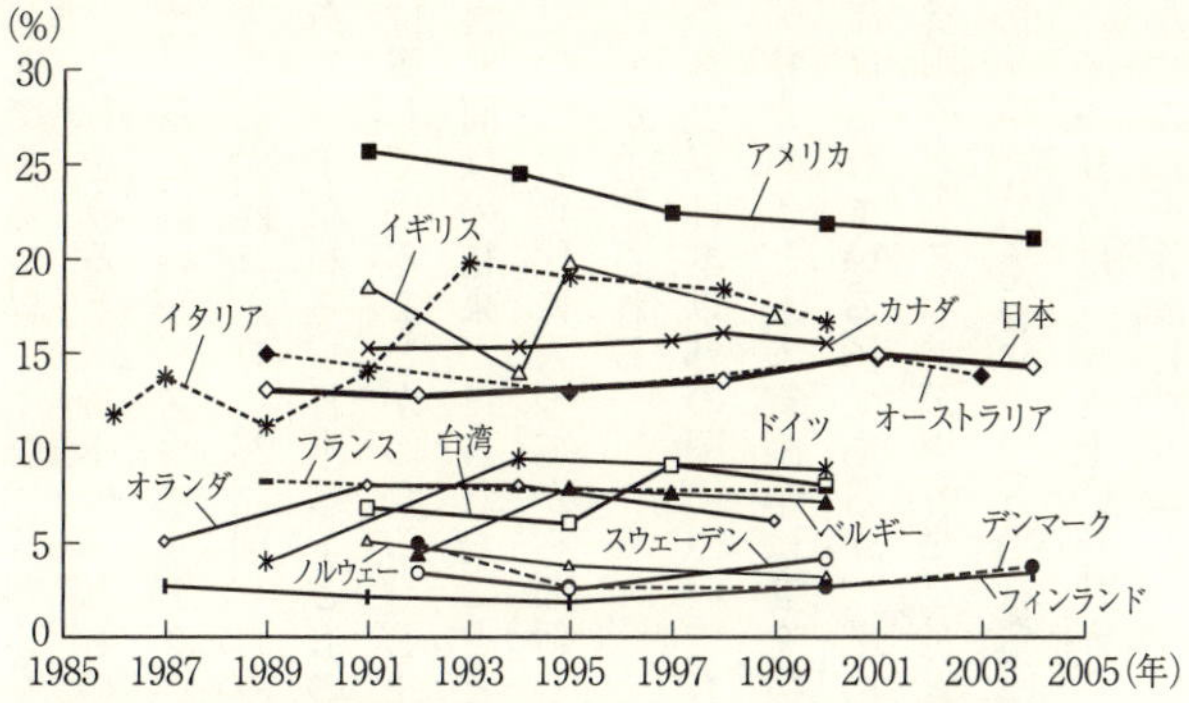

出所：日本は「国民生活基礎調査」各年から筆者推計，他国は LIS HP

図 2-3　子どもの貧困率の国際比較

国際比較からみた日本の子どもの貧困率

それでは、この約一五％という日本の子どもの貧困率は国際的にみるとどのような位置にあるのであろうか。

図2-3は、一九八〇年代から二〇〇〇年代前半の先進諸国における子どもの貧困率の推移を示したものである。このデータは、ルクセンブルク・インカム・スタディ（ＬＩＳ）という国際機関が、国際比較が可能なように、各国のデータを同一の定義で収集したものである。日本は、この国際機関に参加していないが、ＬＩＳデータと比較可能なように、図では日本についても同じ定義を用いて貧困率を計算している。ここにおける貧困概念も、相対的貧困であり、各国における社会全体の所得の中央値の五

〇%である（計算の方法が若干異なるため、図2-2とは異なる数値となっている）。

これをみると、日本の子どもの貧困率は、アメリカ、イギリス、カナダ、およびイタリアに比べると低いが、スウェーデン、ノルウェー、フィンランドなどの北欧諸国、ドイツ、フランスなど大陸ヨーロッパ諸国、日本以外の唯一のアジア地域の台湾などと比較すると高い水準にある。すなわち、日本は子どもの相対的貧困が他の先進諸国と比較してもかなり大きいほうに位置していることがわかる。LISのデータにおいても、本書の冒頭に述べたOECDの報告書と同様の結果が得られたこととなる。さらに、他国と比べた日本の子どもの貧困率の高さは二〇〇〇年代に入ってからの新しいものではなく、一九九〇年代初頭からみられた傾向であることが追記される。

さて、日本以外の国についても、この図から得られる所見を簡単に述べておこう。まず、アメリカの子どもの貧困率は群を抜いて高いことが一見にしてわかる。アメリカは、市場主義が徹底されている国であるが、そのしわ寄せが子どもにも来ていることと考えられる（アメリカの貧困層の子どもが、医療も教育も満足に受けられずに、生き延びる最後の手段として兵隊としてイラクに送り込まれる過程については、堤未果『ルポ　貧困大国アメリカ』（岩波新書）が詳しい）。

イギリスは、一九七〇年代から子どもの貧困率が上昇し、九五年には二〇%近い数値となった。これを危惧したトニー・ブレア首相（当時）は、子どもの貧困を二〇一〇年までに半減させると公約し、徐々に下がってきている（イギリスの公式統計（貧困線は所得の中央値の六〇％）によると、子どもの貧困率は、一九九八〜九九年の三四％から、二〇〇五〜〇六年の三〇％まで減少した）。

これらアングロ・サクソン諸国と対照的に、北欧諸国の子どもの貧困率は五％以下で推移している。中でも、「フィンランド・メソッド」としてその教育方針が注目されているフィンランドは、直近の子どもの貧困率が三％台である（二〇〇四年）。子どもの高い教育レベルは、教育方針のみならず、子どもたちの安定した生活経済レベルにも支えられているのである。日本の社会保障制度がお手本とするドイツにおいても、子どもの貧困率は一〇％以下である。

3　貧困なのはどのような子どもか

ふたり親世帯とひとり親世帯

次に、どのような子どもが貧困状態にある確率が高いのかを見ていくこととしよう。

まず、第一に、子どもが属する世帯のタイプによる違いをみてみたい。これには、ふたり親世帯とひとり親世帯（母子世帯および父子世帯）という大きな分類があるが、そのほかにも、親と「親の親（祖父・祖母）」と同居している世帯（三世代世帯、これはふたり親の場合にも、ひとり親の場合にもあり得る世帯タイプである)や、親がなく祖父・祖母と同居している子ども、成人した兄や姉、叔父、叔母などと同居している場合もあり、日本の子どもの世帯タイプは、多種多様である。二〇〇四年の「国民生活基礎調査」でみると、子どもの約六三%が両親と子どものみの核家族世帯、二九%が三世代世帯である(表2-2)。三世代世帯は減少傾向にあるが、今でも約三人に一人の子どもは三世代世帯に住んでいる。約四%が母子世帯、一%弱が父子世帯、その他の世帯が約三%となっている。六五歳以上の高齢者と二〇歳未満の子どもだけの世帯も少なからず存在する。

表2-2　子どもの属する家族構成と貧困率

	構成比(%)	貧困率(%)
両親と子のみ世帯	63.2	11
三世代世帯	28.5	11
母子世帯*1	4.1	66
父子世帯*1	0.6	19
高齢者世帯*2	0.1	—
その他の世帯	3.4	29

*1　親1人と20歳未満の子のみの世帯
*2　高齢者世帯は標本数が15と少ないため，統計的に有意な貧困率の推計は不可．
$p<0.001$
出所：「国民生活基礎調査」2004年版より筆者推計

ここでみる母子世帯の子どもの割合は、四%と他の先進諸国に比べ大幅に低いが(たとえば、アメリカにおける母子世帯の子どもの割合は一五%(一九九四年)、イギリスは一九%(九五年)、ドイツは九%(九四年)、これは日本に特に多い母親以外の大人も含む母子世帯を考慮すると若干増加する。表2-2の母子世帯の定義は、六五歳未満の母と二〇歳未満の子のみで構成される世帯なので、たとえば、子の一人が二〇歳以上である場合は定義に含まれない（その場合は、「その他の世帯」に分類される）。また、離婚後に母親が子を連れて実家に帰っている場合などは、「三世代世帯」と分類されている。単身母親が経済的困窮を避けるために親などと同居することは、しばしば行われているので、これらを含めると母子世帯に属する子どもの割合は、この数値の一・五倍程度多くなると考えられている。

これらの世帯タイプ別の貧困率を見ると、母子世帯の貧困率が突出して高いことがわかる（六六％）。三世代世帯と両親と子どもの核家族世帯は、低い数値（一一％）であり、この二つの世帯タイプと、母子世帯との間に大きな隔たりがあるのが特徴的である。母子世帯の貧困率は、OECDやほかのデータを用いた推計においても、六〇〜七〇％の間で推移しており、親と同居した三世代の母子世帯においても、その貧困率は三〇％台と高い（阿部 2005）。女性の経済状況が改善し、それが離婚に繋がっているという見方も多いが、母子世帯で育つ子どもの半数以上が貧困状況にあるのである。第4章にてOECDのデータを紹介するが、国際的にみても、日本の母子世帯の貧困率は突出して高く、OECDの二四か国の中ではトルコに次いで上から二番目の高さである。

なお、母子世帯ほどではないものの父子世帯の貧困率も一九％と高いこと、また「その他の世帯」も二九％と見のがせない高さであることを追記しておく。

小さい子どもほど貧困なのか

次に、子どもの年齢別の貧困率をみてみよう。どの年齢期の子どもが貧困であるのかを知ることは政策議論においても重要である。多くの制度が、対象とする子どもの年齢制限を設けているからである。たとえば、現在の児童手当の対象年齢は、一二歳まで(厳密には、一二歳到達後の最初の三月末日まで)であるが、一九九一年から二〇〇〇年までの対象は三歳未満であった。児童手当の対象を年少の子どもに限定したことの理由として、政府は、子どもが三歳未満の時期は母親の就業率が低く、親の年齢も低いため比較的に収入が低いことを挙げていた。

それでは、現在の時点において、子どもの年齢と貧困率は関係しているのであろうか。

図2-4は、一九九八年、二〇〇一年、〇四年の子どもの貧困率を三歳毎の年齢層別にみたものである(所得は前年)。これを見ると、九八年には子どもの年齢と貧困率の関係が右肩下がりであることがわかる。つまり、年齢が上がるにつれて、貧困率は低下している。それが〇一年では、右肩下がりの傾向は未だ見られるものの、九八年に比べ明らかではなくなってきている。さらに、〇四年になると、右肩下がりの傾向が再び見えてきている。

筆者は、二〇〇一年のデータが入手された時点で、子どもの貧困はすべての年齢層でみられ、特に低年齢層だけ明らかに高いということはないと結論づけていたが、これは撤回しなければならない。なぜなら、〇四年のデータでは明らかに、年少の、特に〇～二歳の子どもの貧困率が他の年齢層の子どもの貧困率よりも高いからである。二〇〇一年から〇四年にかけて、子ども全体、そして、ほぼすべての年齢層において貧困率は低下しているのに対して、〇～二歳の子どもの貧困率だけが約二・五ポイントも上昇している。結果として、〇～二歳の貧困率は一八％近くとなり、約五人に一人の子どもが貧困の状態にあることになる。

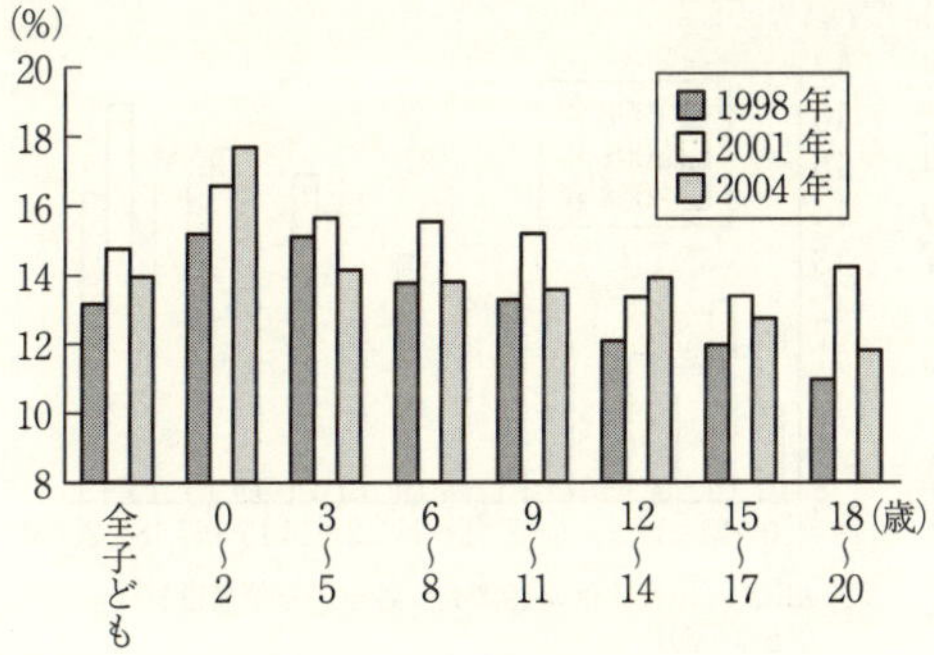

出所：「国民生活基礎調査」各年より筆者推計．p<0.0001

図2-4　子どもの年齢別の貧困率

しかし、これだけをもって「児童手当を三歳未満の子どもに集中するべきだ」という過去の政府の決定を繰り返して主張する根拠にはならない。なぜなら、育児費用というのは、子どもの年齢によって大きく変化するからである。二歳の子どもにかかる費用と、一五歳の子どもにかかる費用は、当然のことながら、大きく異なる。子どもの年齢相応に必要な育児費用という観点からは、少し違った貧困率の定義が必要となる。

図2-4の子どもの貧困率は、社会全体の貧困線（図

2-1を参照)を用いて各年齢層の子どものどれくらいの割合が貧困線未満であるかを計算したものである。この社会全体の貧困線というのは、当然のことながら、八三歳の年金生活者も、三四歳のサラリーマンも、二歳の子どももすべて考慮している。つまり、社会のすべての人に共通の「貧困線」を用いていることとなる。しかし、子どもの観点に立って見れば、一人暮らしの老人や、違う年齢層の子どもも含めた比較対象よりも、自分と同じクラスにいる同年齢の子どもとの比較が、より重要かもしれない。

では、子どもの年齢を三歳区切りに分けて、それぞれの年齢層の貧困線(その年齢層の子どもの世帯所得の中央値の五〇%)を算定した上で、貧困率を再計算するとどうなるのであろう(図2-5)。これを見ると、明らかに、子どもの年齢とともに年齢層別の貧困率も上昇している。直近の二〇〇四年のデータでは、一二~一四歳と、一五~一七歳の貧困率が一番高くなっている。その一つの理由としては、子どもの年齢が高いほど親の年齢も高く、通常所得格差は年齢とともに上

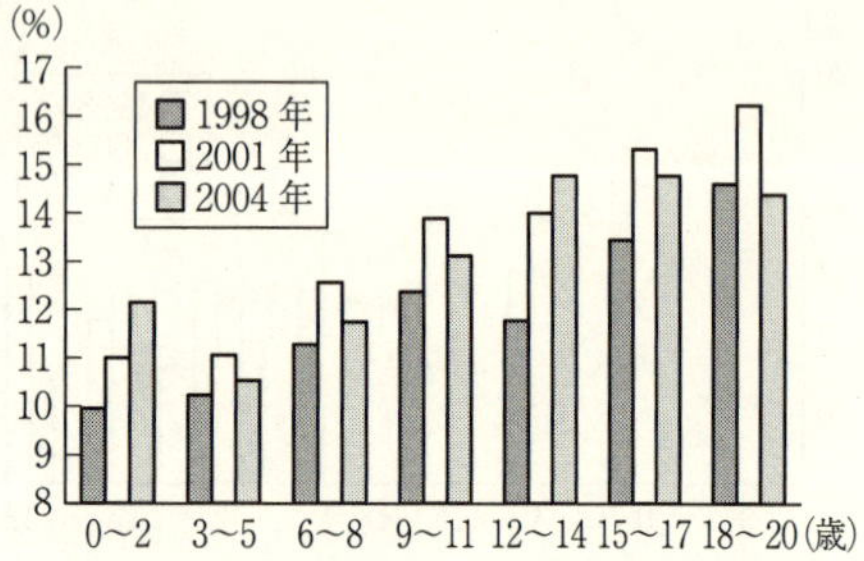

出所:「国民生活基礎調査」各年より筆者計算.
p<0.0001

図2-5　子どもの年齢別の貧困率:各年齢層(3歳刻み)の貧困線をつかった場合

昇するという事実があるからと考えられる。つまり、〇～一二歳の子をもつ親同士よりも、一八～二〇歳の子をもつ親同士のほうが、所得分布が偏っており、（相対的に）貧困である世帯も多いということである。親の観点からは、若いときよりも、四〇歳代、五〇歳代になったときのほうが、「格差」が大きいのは、ある程度はいたしかたないことかもしれない。しかし、子どもの観点からしてみれば、同級生の間に大きな「格差」があり、しかも、「貧困」である世帯の子どもが多いとなれば、特に思春期であり、多感になってくるとともに、学費などの出費も重なる中学生、高校生の年齢の子どもにとっては深刻な問題であろう。

図2-5で、もう一つ懸念されるのが、〇～一二歳の子どもの貧困率が急増していることである。図2-4で確認されたのと同じ傾向を図2-5でも見ることができる。つまり、〇～一二歳の子どもが社会全体のレベルからみても貧困である割合が増加しているだけではなく、同年齢のほかの子どもに比べても、「貧困」である割合が増加しているということである。

若い親の増加と子どもの貧困率

子どもの貧困と子どもの年齢に関係があるのだとすれば、それは恐らく、間接的なものである。子どもの貧困に直接関係しているのは、あくまでも親の所得であり、それが、おそらく、子どもではなく、親の年齢と関係しているのであろう。つまり、子どもが幼い＝親が若い＝所得が低い、という図式が成り立つと考えられる。

それでは、子どもの貧困率の上昇も、親の低年齢化で説明できるのではないだろうか。おそらく、多くの読者の方は近頃の母親や父親が若いという印象をもたれたことがあるのではないだろうか。一六歳で母となった女の子のドラマなどにも刺激されて、「若い親」のストーリーはテレビやマスメディアで多く取り上げられている。では本当に、日本の母親・父親は低年齢化しているのであろうか。このような若い母親・父親の増加が、子どもの貧困率を上げているのではないか。

結論を先に言うと、全体的に見れば、日本の母親・父親は、逆に、共に高齢化している(専門用語では、「晩産化」と言う)。特に女性にその傾向は著しく、出生児の母親の年齢の構成比でみると、一九八〇年から二〇〇六年にかけて二〇代前半では六・九%減り、八〇年では半数以上占めていた二〇代後半は、三〇・七%まで落ちている。代わりに、三〇代が大幅に増え、四〇代以上も若干増えている。しかし、このような母親の晩産化の流れの中で、一〇代の出産は、一九八〇年時点では全母親の一%弱であったが、〇二年にはいったん二%近くまで上昇したものの、その後は減少し、〇六年では一・五%である。「若い母親」が増えているとはいえない状況である。

一方で、父親の年齢は高齢化と若干の若年化の傾向が混ざっている。主流であった二〇代後

表 2-3　出生児の母親の年齢・父親の年齢(単位：%)

母親	15～19歳	20～24歳	25～29歳	30～34歳	35～39歳	40～44歳	45～49歳
1980年	0.9	18.8	51.4	24.7	3.7	0.4	0.0
1985	1.2	17.3	47.7	26.6	6.5	0.6	0.0
1990	1.4	15.7	45.1	29.1	7.6	1.0	0.0
1995	1.4	16.3	41.5	31.3	8.4	1.1	0.0
2000	1.7	13.6	39.5	33.3	10.6	1.2	0.0
2001	1.8	13.4	38.4	34.2	10.9	1.3	0.0
2002	1.9	13.2	36.9	35.2	11.4	1.4	0.0
2003	1.7	12.6	35.2	36.4	12.4	1.6	0.0
2004	1.7	12.3	33.3	37.4	13.5	1.7	0.0
2005	1.6	12.1	31.9	38.1	14.4	1.9	0.1
2006	1.5	11.9	30.7	38.2	15.6	2.0	0.0

父親	15～19歳	20～24歳	25～29歳	30～34歳	35～39歳	40～44歳	45～49歳
1980年	0.2	6.7	36.0	42.9	11.8	2.0	0.4
1985	0.3	7.4	30.9	39.7	18.2	2.9	0.5
1990	0.4	7.8	29.3	37.0	19.2	5.3	0.7
1995	0.5	9.5	29.0	35.4	18.4	5.6	1.3
2000	0.7	9.2	29.9	34.1	18.6	5.7	1.4
2001	0.7	9.2	29.8	34.5	18.1	5.7	1.4
2002	0.7	9.2	29.0	35.2	18.1	5.8	1.4
2003	0.6	8.7	27.9	35.9	18.8	6.1	1.4
2004	0.6	8.4	26.6	36.6	19.5	6.3	1.5
2005	0.5	8.1	25.5	37.0	20.1	6.6	1.6
2006	0.5	7.9	24.7	36.9	21.2	6.7	1.6

出所：厚生労働省『人口動態統計』各年

半と三〇代前半の割合が減り、三五歳を超える比較的に高齢な父親が大幅に増加してきているとともに、一〇代、二〇代前半の父親もじわじわと増加してきている。父親でも、一〇代および二〇〜二四歳の割合は、一九九五年から二〇〇二年まで上昇し、その後減少しているものの、八〇年に比べると〇六年では、一〇代は〇・三%、二〇〜二四歳は一・二%の増加である(厚生労働省『人口動態統計』各年)。この微増が、今後も継続する「若い父親」増加の兆候なのかを見極めるにはまだ早いかもしれない。

それでは、子どもの貧困率と父親の年齢の関係をより綿密にみてみよう。図2-6は、子どもの父親の年齢階層別に子どもの貧困を計算したものである。これをみると、貧困率は明らかなU字型をしており、二〇代、特に二〇代前半で一番高く、その後四〇〜五四歳を最低として、年齢が五五歳を超えるとまた若干上昇している。つまり、若い父親(特に二〇代)と年配の父親を持つ子どもが貧困のリスクが高いのである。しかも、一九九八、二〇〇一年と〇四年を比べると、U字型がよりシャープになっており、中年層の父親をもつ子どもの貧困率が九八年から〇四年にかけてほとんど変化していないのに対して、若い父親と年配の父親をもつ子どもの貧困率が増加している。つまり、父親の年齢による子どもの貧困率の差がより大きくなっているのである。二〇〜二四歳の父親をもつ子どもでみると、貧困率は三五・八%(一九九八年)から四八%(二〇〇四年)まで上昇している。

一九九〇年代にはいって、子どもをもつ男性の年齢は二極化した。全体としては晩産化する中で、二〇代前半や一〇代で父親となる男性が少数派であるものの存在し続け、微増の傾向すら窺える。同時に、この年代の男性の経済状況も悪化し、結果として、若い父親をもつ子どもの貧困率も上昇した。近年、フリーターやパートなど非正規の労働者が急増し、特に若者の雇用状況が悪化した。男性の非正規労働者の結婚率は、正規労働者に比べ、大幅に低いことが指摘されているが、所得状況が悪いながらも子どもをもつ若い父親も当然いるであろう。このデータは、そういう子どもたちの経済状況の悪化を克明に物語っている。

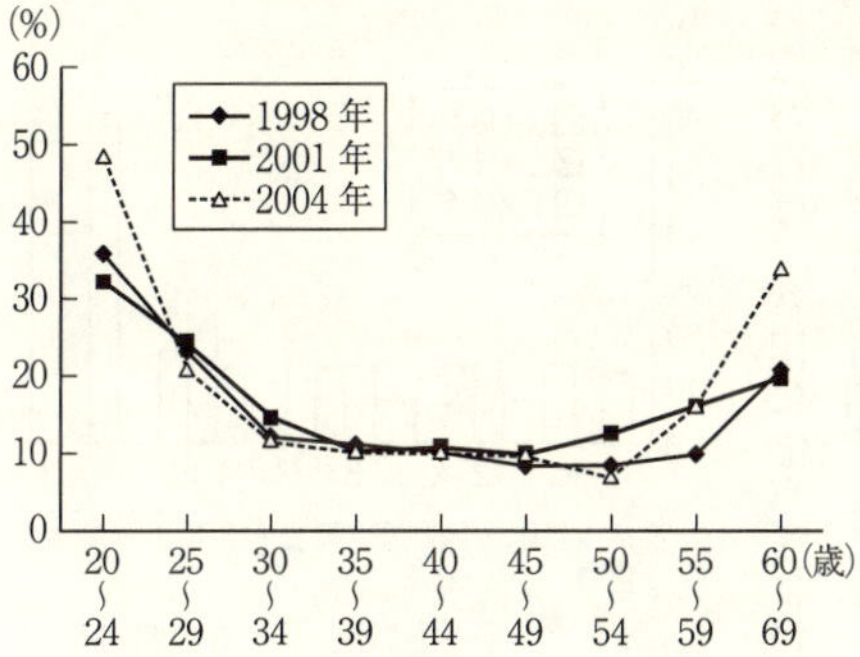

出所：「国民生活基礎調査」から筆者計算．p<0.0001

図 2-6　父親の年齢別 子どもの貧困率

　問題なのは、この若い親たちが、今後、経済状況を改善させることができるのであろうかということである。一昔前であれば、若い時点での子育ては、多かれ少なかれ経済的に困難であっても、子どもの成長とともに上昇する親の年齢の効果によって、給料も上がり、教育費をはじめとする子育て費の増加にも対応することができた。しかし、二〇〇四年時点に乳幼児をかかえている貧困の親たちは、今後、非正規労働などから解放され、所得の上昇を望めるのであろうか。一〇年後がはなはだ心配となるデータである。

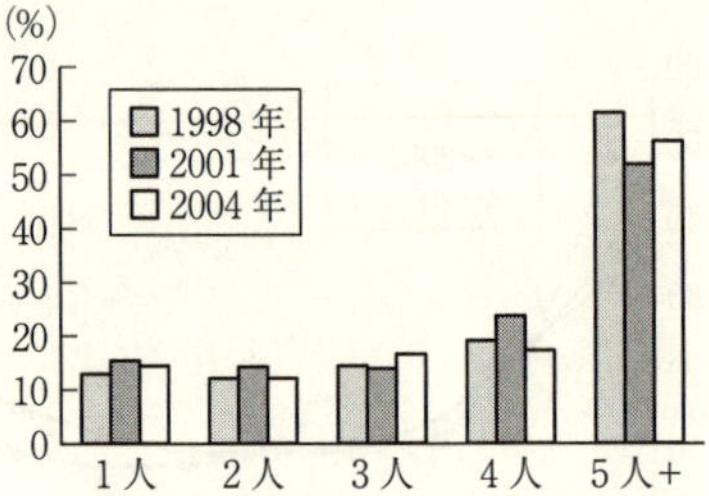

出所：「国民生活基礎調査」各年より筆者計算．p<0.0001

図2-7　子ども数別 子どもの貧困率

「貧乏人の子沢山」は本当か

「貧乏人の子沢山」という言い回しがある。たしかに、経済的に恵まれない家庭でも過去においては、四人、五人の子どもをもつことも当たり前であった。子どもの貧困について、「経済的にゆとりがないのに、何人も子どもをもつほうが悪い」と反論する人もいる。もし、三人いる子どもを一人でやめておけば、貧困に陥らずに済んだかもしれないのに……という理屈である。しかし、子どもが多い世帯ほど貧困状況になりがちだという仮説は本当に確認できる事実なのであろうか。むしろ、逆の仮説をたてることもできる。子どもの養育費や教育費が非常に高くなってきている今日においては、ある程度経済状況にゆとりがある世帯のみが二人目、三人目、四人目の子どもをもつ決断をすることができるのかもしれない。

図2-7は、世帯の子ども数別に子どもの貧困率をみたものである。これによると、子ども

数が三人に達するまでは、貧困率に大きな差はみられないが、子ども数が四人以上になると貧困率は上昇する。特に、子ども数が五人以上の世帯では、貧困率は五〇％に達している。つまり、「貧乏人の子沢山」という言い回しは現在でもある程度はあてはまる。

しかし、過去においては五人以上子どもがいる世帯はそう珍しくなかったが、現在では、子どもが五人以上という世帯は、非常に少ないことも忘れてはならない。子ども（ここでは一八歳未満の未婚者）のいる世帯のうち、子ども数が一人および二人の世帯は共に約四三％を占め、これだけで八六％である。子どもが三人いる世帯は一二％、四人以上となると二％以下である（『国民生活基礎調査』二〇〇五年）。五人以上となると、さらに少なくなり、「特殊」となる。これら少数の多子世帯を除けば、子ども数が一人から四人の、ほとんどの子どもがいる世帯の間には子ども数別による経済状況の差は見られない。

親の就業状況が問題なのか

最後に、親の就業状況別の子どもの貧困率について触れておきたい。前出の親の年齢別の子どもの貧困率の記述では、父親の年齢が二〇代の場合の子どもの貧困率の上昇について述べ、その要因として若年層の雇用の非正規化を示唆した。そこで、ここでは、親の就業状況が子どもの貧困率に本当に関係しているのかを確かめたい。図2-8は、世帯の中の一番所得が多い

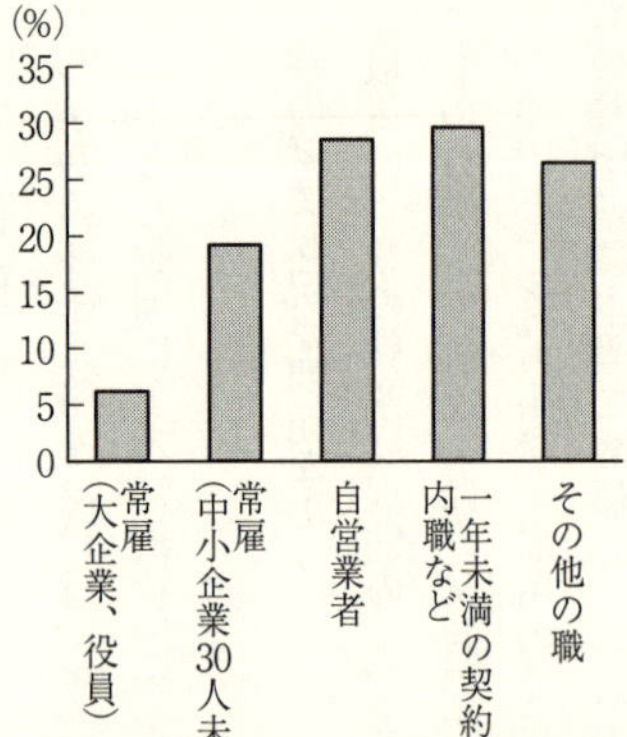

注：世帯内の最多稼得者の就業状況．無職は省略
出所：「国民生活基礎調査」(2004年)より筆者推計

図2-8　親の就業状況別 子どもの貧困率

人の就業状況別に子どもの貧困率を計算したものである。常勤雇用の場合は、就職先の規模と地位によって二つに分けた。これをみると、大企業に勤める常勤の雇用者と会社役員の貧困率は、六%であるのに対し、自営業者や、契約(一年未満)・内職などは、二九%と三倍以上の差がある。常勤雇用であっても、中小企業(従業員数三〇人未満)であると一九%と自営業者、契約雇用者に近い数値となる。言葉を換えていえば、子どもの貧困率は、親が中規模以上の企業に勤める常用雇用の場合のみ低いのである。

ここで一つの国際比較をみていただきたい。図2-9は、OECDが行った調査によるもので、ふたり親世帯の子どもの貧困率を、世帯の中の就業者数別に示したものである。就業者が一人もいない場合は、図から割愛している。就業者が一人の場合の貧困率は、国によって大きな差があり、アメリカの三〇・五%からノルウェーの二・八%まで幅広い。日本は、一一・三%であり、OECD平均を若干下回っている。しかし、就業者が二人の世帯(共働き世帯)をみてみよう。北欧諸国は、就業者が一人でも貧困率は低いが、二人の場合はさらに低く、ノルウェーは〇・一%、デンマークは〇・七%と一%を切っている。どこの国も、就業者が一人の世帯に比べ、二人の世帯の貧困率は大幅に低く、ＯＥＣＤの二四か国の平均でみると一三・七%から四・三%と大幅に減少している。

しかし、日本は、二人就業世帯であっても貧困率は一〇・六%と、わずか一・七%の減少しかない。これは、どういうことであろう。日本では、第二の稼得者、つまり、大多数の場合、母

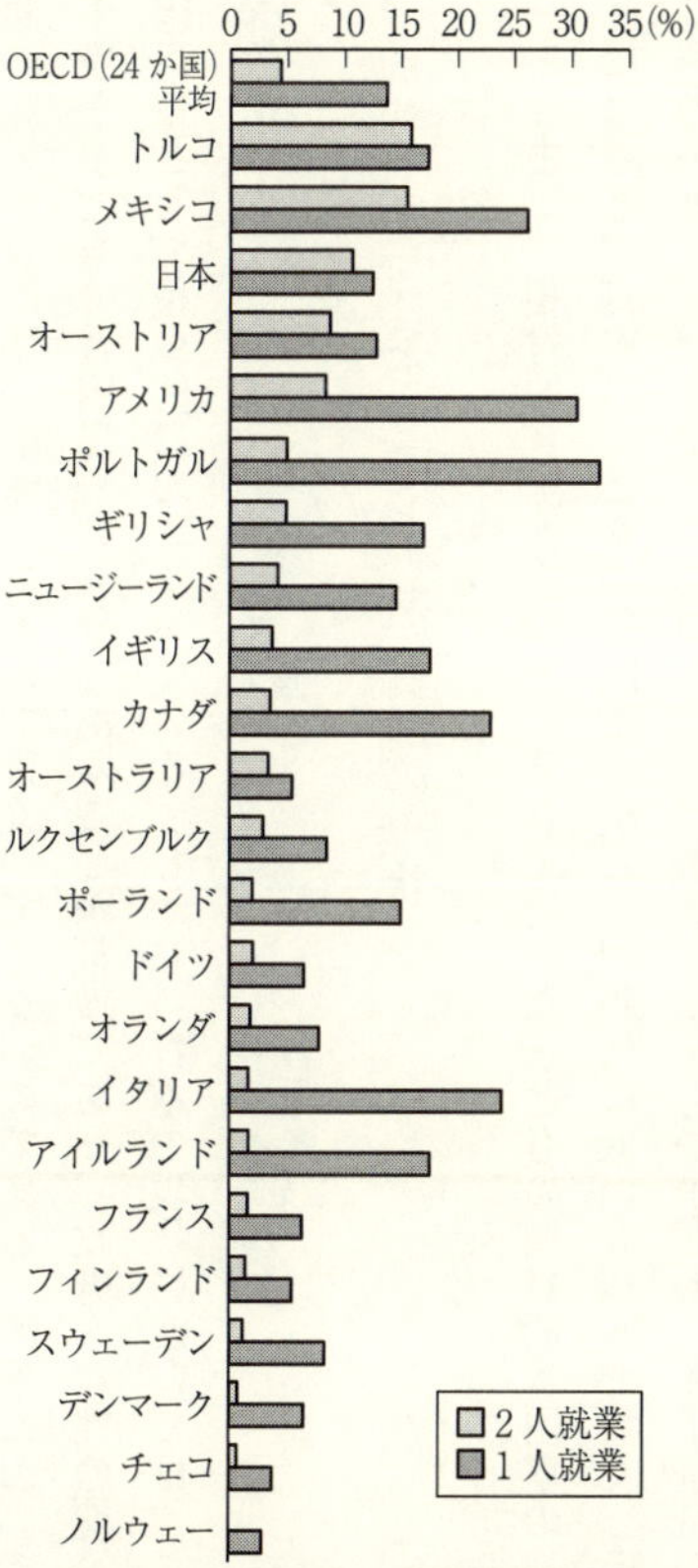

出所：OECD編『図表で見る世界の社会問題』(2006)

図2-9　子どもの貧困率：ふたり親世帯，就業人数別(2000年)

親の収入が貧困率の削減にほとんど役立っていないのである。欧米においては、共働きという手段が子どもの貧困に一番有効であることが常識であり、政府も女性の就業支援を子どもの貧困対策として積極的におこなっている。しかし、日本の現状においては、この手段が必ずしも有効に機能してきたとはいえないのである。

4　日本の子どもの貧困の現状

ここまで、相対的貧困の説明と、それを用いた子どもの相対的貧困率の推計を紹介した。これによると、日本の子どもの貧困率が決して国際的に低いレベルでなく、そして中でも、母子世帯の子ども、〇歳から二歳の乳幼児、若い父親をもつ子ども、多子世帯の子どもの貧困率が非常に高い。憂慮しなければならないのは、これらの世帯における貧困率が、日本の中でもっとも早いペースで上昇していることである。

相対的貧困という概念について、まだ納得できない、という読者の方々のために、確認のために述べておくと、第1章でみてきた、数々の「貧困の不利」は、相対的貧困を用いて観察されたものである。子どもの貧困の上昇を「格差があってもしかたがない」と放置しておけば、「貧困の不利」を背負う子どもの割合は現在の一五%を超え、「貧困大国」と称されるアメリカに近い数値になることも充分考えられる。

特に心配なのは、〇〜二歳、つまり乳幼児の貧困率の増加である。二〇〇四年のデータによると、この年齢層の貧困率は約一八％であった。乳幼児の貧困が悪化しているということは、それよりも年齢が上の子どもの貧困が悪化していること以上に懸念される。なぜなら、第1章で紹介したようなアメリカなどにおける子どもの貧困研究によると、〇歳から二歳時点での貧困が、子どもの健康やＩＱなどのその時点での成長に対する影響が一番大きく、また、子どもが成人してからの学歴達成度などをみても、この時期の貧困がほかの子ども期の貧困よりも大きく影響しているからである(Duncan, G. & Brooks-Gunn, J 1997)。

それでは、日本の政府は、子どもの貧困について、どのような政策をとってきたのであろう。第3章では、この問いに対する答えを模索していきたい。

第3章　だれのための政策か

——政府の対策を検証する

1　国際的にお粗末な日本の政策の現状

これまでみてきたように、日本の子どもが置かれている経済状況は、決して楽観視できるものではない。子どもの貧困に関して、政府は何を行ってきたのか。本章では、その問いに答えるために、政策の現状を、国際比較を交えながらみていくこととする。

しかし、一口に「子どもに関連する政策」といっても、問題はそう簡単ではない。子どもに関する一連の政策としては、まず、「少子化対策」や「次世代育成計画」といった、いわゆる「家族政策」と呼ばれる分野の政策が挙げられる。マスメディアなどは、しばしばこの家族関連の社会支出が他国に比べて少ないことを取り上げるが、この分野だけを取り出してその多寡について議論することはいささか乱暴である。子どもの状況は、児童手当や保育所などの「家族政策」に代表される施策だけではなく、雇用政策、公的医療制度や公的扶助といった社会保障、教育政策など、「家族政策」の外の政策に影響される部分が大きいからである。

本書のトピックである子どもの貧困に関していえば、日本の家族政策の多くは、子どもの貧困の削減を目的としていない。その理由は、日本は、長い間、欧米諸国に比べて低い失業率を保っており、「国民総中流」などというキャッチフレーズが浸透していたこともあって、貧困そのもの、ましてや子どもの貧困は、政策課題となってこなかったからである。長年にわたって子どもの貧困が重要な政策課題として論じられてきた欧米諸国においては、家族政策に子どもの貧困に関する視点が盛り込まれているのに対し、日本の家族政策にその視点はなかったといってもよい。

一方で、日本においては子どもの数が減少し、高齢者の割合が増えるという「少子高齢化」が急速なスピードで進展したことにより、「家族政策」＝「少子化対策」という図式ができあがり、仕事と育児を両立させる支援を行う制度や、精神的な育児ストレスを軽減するといった制度が整備されてきた。このような流れは、現在でも基本的に変わっていない。結果として、現在の日本において、子どもの貧困に対処しているのは、家族政策ではなく、むしろ、著しく生活困難をかかえる人を救済する生活保護制度、親の経済状況を直接改善するための雇用政策、子どもの医療をカバーする公的医療保険や自治体による医療費扶助などの政策である。

以上のことを念頭に置きながら、ここでは、子どもの貧困に対して、政策がどのような影響をもってきたかを検証していきたい。

家族関連の社会支出

まず最初に、家族政策の総額の規模から見ていこう。国立社会保障・人口問題研究所によると、日本の「家族関連の社会支出」は、GDP(国内総生産)の〇・七五%であり、スウェーデン三・五四%、フランス三・〇二%、イギリス二・九三%などに比べると非常に少ない。ちなみに、ここで「家族関連の社会支出」として計上されているのは、児童手当、児童扶養手当、特別児童扶養手当(障がい児に月五万円ほどの給付がなされる制度)、健康保険などからの出産育児一時金、雇用保険からの育児休業給付、それに、保育所などの就学前保育制度、児童養護施設などの児童福祉サービスである(保育所については、二〇〇〇年より地方自治体の一般財源とされたため含まれない)。

第7章にて詳しく説明するように、アメリカ、イギリスなど多くの国は、社会支出としてではなく、税制の一環として、給付を伴う優遇税制措置をとっているが、これらはこの統計には含まれていない。図3-1の中では、アメリカが唯一日本より比率が小さい国であるが、そのアメリカでさえも、税制からの給付を加えると、日本より高い比率の公費を「家族政策」に注ぎ込んでいると考えられる。

しかし、この図をもって単純比較することに異議を唱える人もいる。彼らの主張は、子どもが人口に占める割合には国によって差があるので、高齢化率が一番高い(つまり、子どもの割

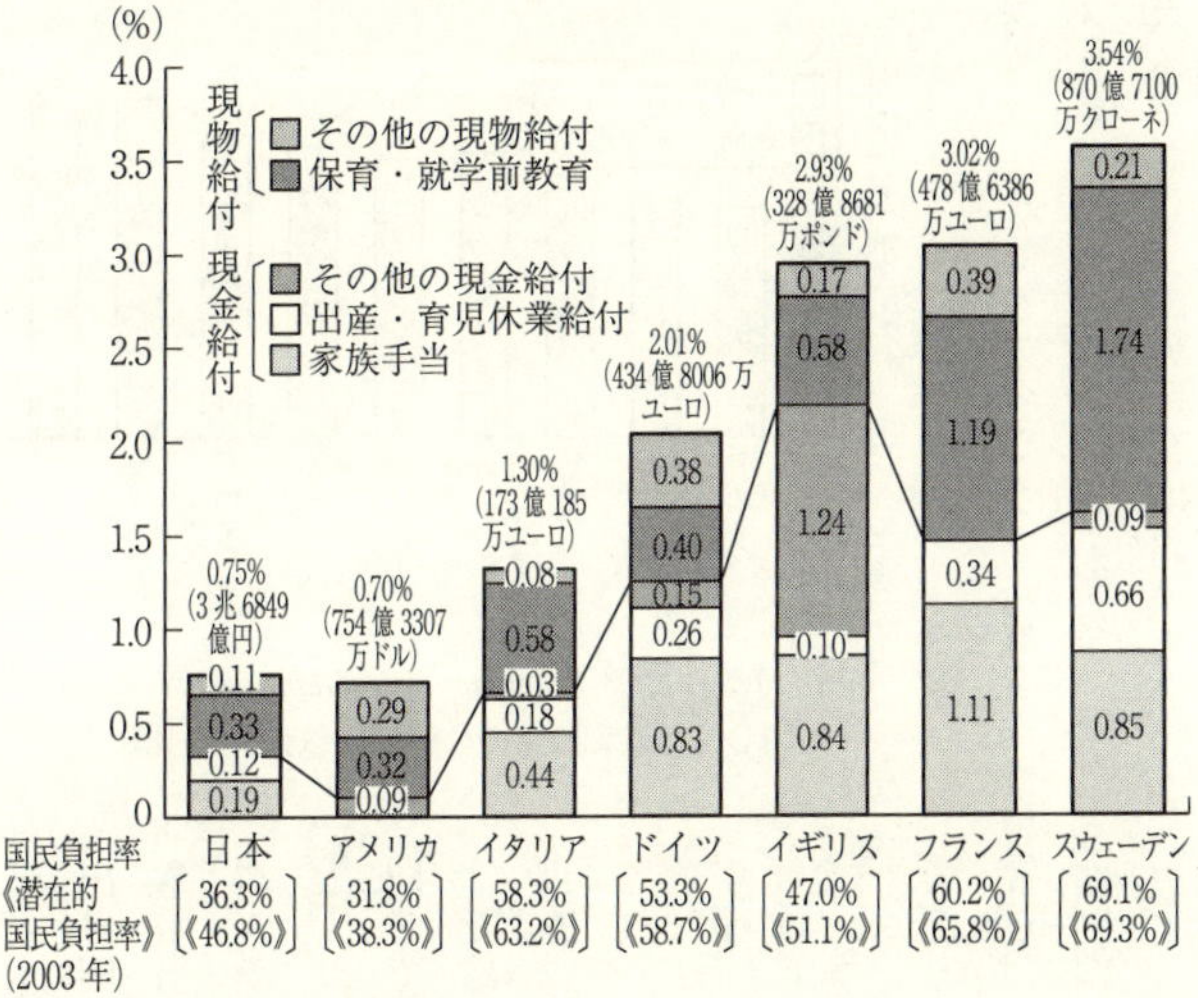

元データ：OECD: Social Expenditure Database 2007(日本のGDPについては内閣府経済社会総合研究所「国民経済計算(長期時系列)」による)
出所：内閣府『少子化社会白書平成20年版』(2008)

図3-1　各国の家族関係の給付の国民経済全体(GDP)に対する割合(2003年)

合が一番低い)日本が、子どもに関する支出が少ないのは、当たり前というものである。この説には一理あるものの、一四歳以下の子どもが人口に占める割合は、日本が一三・六%(二〇〇六年)、アメリカが二〇・七%(二〇〇四年)、イギリス一八・二%(二〇〇四年)、ドイツ一四・六%(二〇〇四年)、フランス一八・六%(二〇〇四年)、スウェーデン一七・七%(二〇〇四年)であり、社会支出の差を説明できるほどの違いはない。スウェーデンと日本を比べると、スウェーデンは人口比ベースで子どもが一・三倍多いのに過ぎないが、家族関連の支出は四・七倍もあるのである。この差は、現金給付（児童手当、児童扶養手当など、お金で給付がなされるプログラム）も、現物給付（保育所、児童福祉サービスなど、サービスやモノで給付がなされるプログラム）も同じであり、特に、どのタイプのプログラムというわけではなく、すべての家族関連のプログラムにおいて日本より支出が多い。

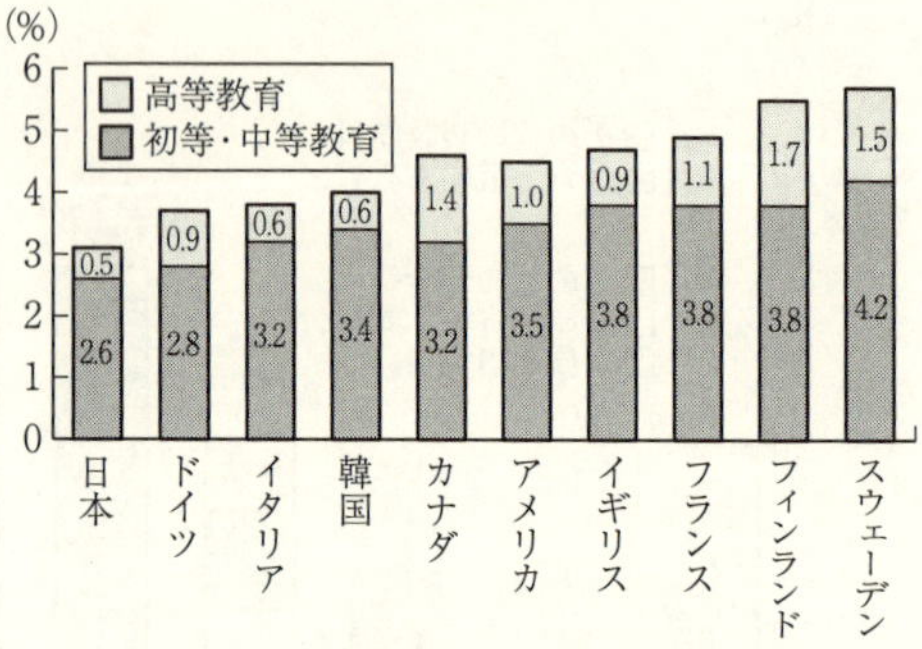

出所：OECD(2008) *Education at A Glance 2008*

図 3-2　教育関連の公的支出（対 GDP 比）

教育支出も最低レベル

次に、教育にかける支出についても国際比較してみよう。日本の教育への公的支出は、GDPの三・四%であり、ここでも日本は他の先進諸国に比べ少ない。スウェーデンやフィンランドなどの北欧諸国はGDPの五〜七%を教育につぎ込んでおり、アメリカでさえも四・五%である。教育の部門別に見ても、日本は初等・中等教育でも最低の二・六%であり、高等教育においても〇・五%と、最低のレベルである。家族関連の支出と同様に、子どもの割合などを勘案して計算し直すと、この差は縮まるが、それでも日本は他の先進諸国に比べて少ない。

また、公的教育支出の中身をみても日本は特徴的である。もともと高等教育への公的支出が少ないものの、そのほとんど(八二%)は教育機関への直接支出であり、学生に対する補助は一八%に留まっている。奨学金など学生やその家族の経済的負担を直接軽減する金銭的補助の対GDP比は〇・一二%であり、スウェーデン〇・二三%、フィンランド〇・三六%など北欧諸国に比べると大幅に少ない(鳥山 2008)。しかも、日本における学生に対する金銭的補助のほとんどは貸付(学生ローン)であり、つまり、利子の肩代わりや利子率の軽減による若干の公的負担はあるものの、ほとんどは学生本人が卒業後に返済しなければならない。欧米諸国の多くは、保育所から大学などの高等教育まで基本的に授業料が無料であるばかりでなく、在学中の生活費や教科書費なども奨学金や貸付で補助している。対して日本は、実質的にほとんどの子どもが高等学校まで進学しているのにもかかわらず、無料で受けることができる義務教育は中学校までであり、高校以降の教育は子どもや子どもの家族の個人的選択としてほとんど一〇〇%の負担が求められているのである。

文部科学省は、教育支出額を今後一〇年間でOECD二四か国の平均である五・〇%まで引き上げるという方針を打ち出したものの、財布をにぎる財務省は財政赤字を理由に今まで以上の教育投資には消極的である(「読売新聞」二〇〇八年五月一日付)。

2　子ども対策のメニュー

政府の子育て支援策

日本政府とて、子どもの問題に無関心であるわけではない。ほかの先進諸国に比べて少ないといっても、現に、二〇〇七年度には、四兆三三〇〇億円(対GDP比〇・八三%)が「少子化対策」に注ぎ込まれている。

このお金はいったいどのように使われているのであろうか。国の予算額の多さを目安に「少子化対策」の主要事業を列記すると、児童手当(一兆五〇〇億円)、保育所(九九〇〇億円)が圧倒的に大きいプログラムであり、そのあとに児童扶養手当(一五五八億円)、育児休業給付(一二一〇億円)、社会的養護体制(里親制度、児童福祉施設など、七七六億円)などとなる。このほかの事業は、育児休業中に受けることができる育児休業給付や公的年金保険料の免除、出産したときに三五万円(二〇〇九年以降三八万円)ほどが支給される出産育児一時金、地域において子育て親子の交流を促進する地域子育て支援拠点の整備、一時・延長保育などの保育制度が挙げられる。

表 3-1　主な「児童・家族関係社会支出」
（総額　4 兆 3300 億円，2007 年度予算ベース）

Ⅰ．親の就労と子どもの育成の両立を支える支援（約 1 兆 3100 億円）	
育児休業給付	1210 億円（国 1/8，ほか労使折半）
保育所	9900 億円（私立は国 1/2，市･県 1/4，公立は市 10/10）
放課後児童クラブ	400 億円（事業主，市，県 1/3）
その他	
Ⅱ．すべての子どもの健やかな育成を支える対個人給付・サービス（約 2 兆 5700 億円）	
児童手当	1 兆 500 億円
児童扶養手当	1558 億円
その他	
Ⅲ．すべての子どもの健やかな育成の基盤となる地域の取組（約 4500 億円）	
社会的養護体制（里親制度，児童福祉施設など）	776 億円
地域子育て支援拠点	250 億円
放課後子ども教室	100 億円
その他	

ここでは、予算規模、対象者数が多い児童手当と保育所、そのほか、貧困の状態にある子どもに特に重要であると考えられる児童扶養手当、また、児童関連給付として計上はされないものの、子どもをはじめ、すべての国民の貧困の最後のセーフティネットである生活保護制度について、簡単に説明しよう。

「薄く、広い」児童手当

日本における子どものいる世帯に対する給付の代表的なものは児童手当である。児童手当は一九七二年に発足し、以後、何回もの改革を経て現在の制度となった。発足当時の児童手当は、対象が、第三子以降の一八歳未満の児童と限定されており、所得制限も低く設定されていたことから、比較的少数の多子貧困世帯の救済を目的としていた。当時のキャッチフレーズは「(制度を)小さく生んで大きく育てる」であったという(島崎2005)。しかし、その後、児童手当は長い間、「大きく」ならなかった。

支給額は、発足当時こそは、月三〇〇〇円と当時の子どもの養育費の約二分の一をカバーするものであり、発足の三年後の一九七五年には月五〇〇〇円と引き上げられたが、その後、子どもの養育費は飛躍的に増加しているにもかかわらず、約三〇年間、ずっと据え置かれたままであった。三歳未満については、二〇〇七年に一万円に引き上げられたが、三歳以降については、第二子までは、今でも五〇〇〇円である。三歳以降でも、第三子以降は一万円となるが、日本の平均子ども数は一・七人であるから、ほとんどは五〇〇〇円枠ということとなる。義務教育の年齢の子育て費用が必要経費だけでも年間二〇〇万円と推計される今日となっては(子ども未来財団2006)、月々五〇〇〇円の給付では子育て費用のごく一部しかカバーすることができない。

また、児童手当の給付対象は、第三子以降から、一九八八年には、第二子以降に広げられ、一九九四年には第一子以降、つまり所得制限以下のすべての子どもが対象となったものの、対象年齢が一八歳未満から三歳未満に引き下げられた。そのため、二〇〇〇年代に入るまで、児童手当の支給者数も予算規模も横ばいであり、「大きく育てる」という当初の意図とは裏腹に、

表3-2　先進諸国の児童手当

	児童手当		税制
	対象児童	支給額(年)	
日本	12歳まで，第1子から	3歳まで 12万円 3歳～ 第2子まで6万，第3子以降 12万円	扶養控除38万円により，0万円～14万円の税額控除(税率による)
	＊所得制限あり		＊所得制限なし
アメリカ	なし		児童税額控除(最大)11.7万円 勤労所得税額控除(最大)55.2万円(2人)，33.4万円(1人)
			＊所得制限あり
イギリス	16歳未満，第1子から	第1子　20.4万円，第2子以降　14.4万円	児童税額控除　(最大)12万円(世帯あたり)＋40.6万円(児童1人あたり)
	＊所得制限なし		＊所得制限あり
ドイツ	18歳未満，第1子から	第3子まで　27.6万円，第4子以降　32.4万円	扶養控除86.5万円
	＊所得制限なし		
フランス	20歳未満，第2子から	第2子　21.6万円，第3子以降 27.6万円(11～15歳加算6万円，16歳以上10.8万円)	n分n乗方式により，子どもの多い世帯ほど税負担が軽減
	＊所得制限なし		
スウェーデン	16歳未満，第1子から	子1人あたり　20.4万円，多子加算　2.4～45.6万円	なし
	＊所得制限なし		

出所：国立社会保障・人口問題研究所『社会保障統計年報』(2007)

成長せずに時だけがたった。そして、日本経済が成長する中、多子世帯の困窮や子どもの貧困は忘れられ、結果として、児童手当は、予算規模も支給者数も増加しないまま、その内容は「薄く、広い」手当てとなっていったのである。

二〇〇〇年代になって子ども数が少なくなっていること(少子化)が、にわかに政治の緊急課題となって、児童手当の重要性に着目されるようになると、この「薄く、広く」という傾向はますます強まった。対象年齢は、六歳未満(二〇〇〇年)、九歳未満(二〇〇四年)、一二歳未満(二〇〇六年)と徐々に引き上げられ、同時に、所得制限も引き上げられた。結果として一二歳未満の児童をもつ世帯の約九〇%は児童手当を受けることができるようになった。このため、児童手当の受給者数は激増し、一九九九年に二二一万人だったのが、二〇〇六年には九六〇万人となった。さすがに、これだけの受給者の増加のためには予算規模も拡充せざるを得なくなり、「家族関連の社会支出」の額は増加した。こうして、児童手当の「拡充」は、「少子化対策」として内外から高い評価を受けたのである。

しかし、二〇〇〇年以降の児童手当の拡充は、一人あたりの給付額が据え置かれたままで行われたことを忘れてはならない。一人あたり月五〇〇〇円という額は、フランスの月一・八万円(第二子の場合)、イギリスの月一・七万円(第一子)という国際比較からみても、見劣りするといわざるをえない額である(表3-2)。また、先進諸国の多くは、普遍的な児童手当のほかにも、子どものある貧困世帯を対象とした税額控除制度を設けており、手当と税額控除を合わせると、相当の額の支給を行っている。日本の児童手当は、ほとんどの場合は年間でみても六万円に過ぎず、当然のことながら、児童手当や税制が子どもの貧困率に与える影響は微小である(阿部2005)。また、「少子化対策」という観点からしても、児童手当の効果は疑わしい。年間六万円もらえるから、子どもをもう一人産むという親がどれだけいるであろうか。結局のところ、二〇〇〇年以降の児童手当の拡充も、「少子化のために何かをしている」というジェスチャーに過ぎない。

縮小される児童扶養手当

「少子化対策」の一環として、「薄く、広く」拡充された児童手当と対照的なのが児童扶養手当である。児童扶養手当とは、父と生計を同じにしていない一八歳未満の児童に対する給付であり、日本の母子世帯に対する政策の中心的な制度である。二〇〇八年現在、母子世帯の約七割、九九・九万世帯が、受給している(『母子家庭白書』二〇〇七年版)。母子世帯の数は一九六〇年代から増加しているが、九〇年代にはいって増加のペースが一層高まったこともあり、児童扶養手当の受給者は急増している。その総数は、一九九九年の六六万人から現在の一〇〇万人近くと、約一〇年間の間に一・五倍となった。

第2章で述べたように（表2-2、五六頁）、日本の母子世帯に属する子どもの貧困率はふたり親世帯の子どもに比べても、ほかの国の母子世帯の子どもに比べても、群を抜いて高い。また、日本の母子世帯の特徴は、その八〜九割の母親が働きながら子育てをしている点にある（阿部 2005）。日本の母子世帯の子どものほとんどは、まさに、「ワーキング・プア」に育つ子どもなのである。

しかしながら、さまざまな「少子化対策」が拡充される中、母子世帯に対する政策は、むしろ、縮小傾向にある。児童扶養手当の受給者数が増加していることを懸念した政府は、二〇〇二年に大幅な母子世帯政策の改革を行った。詳しくは、第4章で述べるが、この結果として、満額の手当が受け取れる収入制限は、年収二〇五万円から一三〇万円に減額され、さらに、手当ての受給が五年たつと、所得のいかんにかかわらず、受給額が最大五割減額されることが決定された。後者の受給期間の有期化については、当事者団体の切実な反対運動により、一時的に凍結されているものの、いつ議論が復活しないともわからない状態である。代わりに強調されているのが、「就労支援策」であり、母子世帯は、まさに、仕事をしながら子育てをするという、「両立支援」が最も必要な世帯であるにもかかわらず、さらに、仕事をすることばかりが強調される施策となっている。

保育所

保育所は、労働や疾病などの理由で「保育に欠ける」状態にある小学校就学前の子どもを一時的に預かる制度であり、市町村が設置する公立の保育所と、認可により設置される民間保育所がある。教育や発育の観点から就学前の子どもが通う幼稚園との比較において、保育所は市町村が利用者を選定し、その保育料を決定すること(すなわち、市町村がどの子どもがより保育が欠けている状態であるかを決定する)、〇、一歳の乳児から預かること、子どもを預かる時間が長いこと、などの点が異なる。二〇〇七年では、約二万三〇〇〇か所の保育所に、約二〇〇万人の子どもが通っている。保育所は、母子世帯など親が働かなければならない状態である世帯については優先的に入所できるように取り計られており、貧困世帯にとってはなくてはならない存在である。実際に、保育所を利用する世帯の年間所得の平均をみると、その多くは共働き世帯であるにもかかわらず、幼稚園を利用する世帯の年間所得に比べ約五〇万円も低い。特に異なるのは父親の所得であり、幼稚園を利用している世帯の父親と、認可保育所を利用している世帯の父親の間には平均して二〇〇万円の格差がある。ただし、これはあくまでも平均値の話であって、認可保育所を利用している世帯は実際には高所得層と低所得層に二極化しており、特にその傾向は低年齢児に強い(大石 2005)。

政府は、「少子化対策」における「(仕事と育児の)両立支援」の一環として、保育所の拡充に取り組んできた。一九九四年には「エンゼルプラン」として、保育所の量的拡大と多様な保育サービス(延長保育など)の拡充が図られ、さらに、一九九九年には「新エンゼルプラン」として待機児童(保育所へ入所するために、保育所の定員に空きがでるのを待っている児童)数の減少などを目指す政策がとられた。

二〇〇〇年には、三位一体改革の一環として、それまで国から補助金が支払われてきた公立保育所の費用が、地方自治体の一般財源によって賄われることとなった。これにより、自治体においては保育費用が一気に増加し、結果として、多くの自治体が保育費削減のための民営化を推し進めている。公立の保育所では保育士も地方公務員であるため人件費が高く、また、サービス内容も硬直的であるため、代わりに、民営の保育所を活用することによって保育費用の「効率化」とともに、サービスの多様化を図ろうとするものである。しかし、一方では、保育所の質を確保するための十分な体制が出来上がっているかなど、安易な民営化に対する懸念の声も大きい。

教育に対する支援

教育費を軽減するために、子ども本人、またはその家族へ直接行われる支援にはいくつかの制度が存在するが、その大きなものは独立行政法人日本学生支援機構が行っている奨学金と、地方自治体や社会福祉協議会が行う「母子寡婦福祉資金貸付制度」と「生活福祉資金貸付制度」である。両者の間には、前者が文部科学省、後者が厚生労働省という所管の違いがあり、前者は成績基準が適用される場合があり、後者は低所得世帯や障がい・失業世帯など生活困難を抱える世帯を対象としているなど、いくつかの違いが存在する。奨学金は無利子または低利子、貸付制度は無利子で、主に義務教育以降の学校に通う場合に受けることができる。現在、約三五・八万人の学生が奨学金を受けており(二〇〇六年度新規)、また、四・三万人が貸付制度を使用している(「ＪＡＳＳＯ年報」二〇〇六年度、「社会保障統計年報」二〇〇七年度)。このほかにも、国民生活金融公庫などの公的機関から低金利の貸付を受けることもできる。

また、小学校や中学校の義務教育の間には、自治体による就学援助制度が存在する。この制度は、国によって定められた法律により、「経済的理由によって就学困難な児童に学用品を供与する」ことを目的としている。どの自治体においても、おおよそ生活保護基準の一・一倍を所得制限として、所得制限以下の世帯の子どもの給食費や修学旅行費などを供与している。

全国平均で一二・八％の児童が就学援助を受けている(二〇〇四年度文部科学省調べ)。この一二・八％という数値は、マスメディアにおいてもショッキングに報じられたものの、子どもの相対的貧困率が一四％であるという事実から考えればおかしくない。むしろ、これだけの子どもが就学援助を利用していることは歓迎すべき事実である。後述するように、子どもの生活の最後のセーフティネットである生活保護の受給率が一％程度しかない事実を考えると、就学援助制度は貧困の子どもをよく捕捉しているといえる。

問題は、制度でカバーされている費用が、子どもが不自由のない学校生活を送るのに充分であるか否かであるが、その点については第5章を参照されたい。

生活保護制度

生活保護制度は、憲法二五条に定められた「健康で文化的な生活」をすべての国民に保障するための制度である。日本の生活保護制度は、受給資格がその世帯の困窮の度合いのみによって判断され、家族タイプや障がいの有無、そして、困窮に至った要因によって差別されないきわめて包括的なセーフティネットである。困窮の度合いは、その世帯の所得が政府が定める最低生活費を下回っているかどうかによって判断され、下回っている場合は、その差額が支給される。

生活保護制度は、当然のことながら、子どもがいる世帯もその対象とする。しかしながら、生活保護制度の運用は非常に厳しく、貯蓄や財産はひと月の生活費の半分以下、頼れる親や親戚もいない、稼働能力(働く能力)もない、と判断されない限り、ほとんど保護の対象とはならない。特に、最後の稼働能力の要件は、子どもをかかえる勤労世代の世帯には厳しいものとな

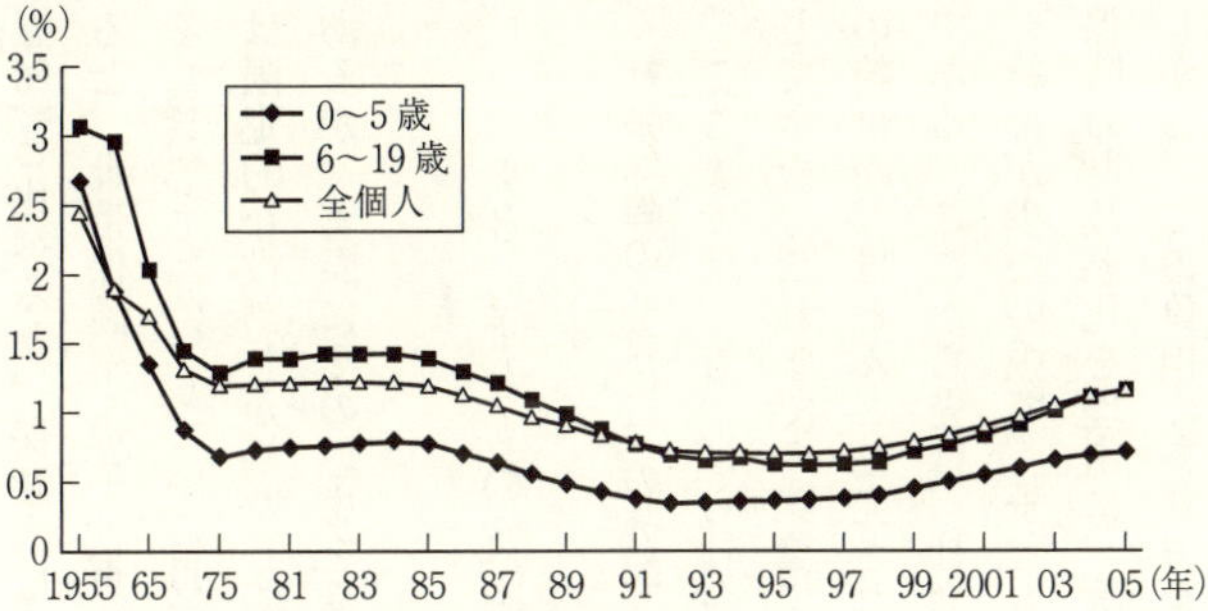

出所：厚生労働省「被保護者一斉調査」各年

図3-3　子どもの生活保護率

っている。この理由は、日本が長い間失業率が低いレベルで推移してきたこともあり、「働く気」さえあれば、生活保護基準以上の生活ができるだけの収入が得られるという判断であったからである。保護の対象となるには、六五歳以上の高齢であるか、医療機関から「就労は不可能」と診断書をもらわない限り保護にいたらないのが普通である。母子世帯で子どもが幼い場合や子どもに障がいがある場合などは、保護にいたるケースもあるものの、たとえ失業中であってもなかなか生活保護を受けることができない。

　そのため、子どもの保護率（全子どもの中で生活保護を受けている子どもの割合）は非常に低く、約一％に過ぎない。二〇〇五年においては、〇歳から五歳の子どもの保護率は、〇・七％、六歳から一九歳の子どもの保護率は一・一％であった（図3-3）。一九九〇年代後半以降、若干の上昇はみられるものの、推定される貧困率（約一五％）と比べると、保護率はその一〇分の一にも満たないことがわかる。母子世帯に限ってみると、世帯保護率（母子世帯の中で生活保護を受けている世帯の割合）は、七％と推計されている（親などと同居している母子世帯も含む）。すなわち、子どもの貧困に関して、生活保護制度は限定的な役割しか果たしていない。制度的には、最低生活費までの所得が保障されるはずであるが、実際にその恩恵を受けているのはごく一部の世帯だけなのである。

3　子どもの貧困率の逆転現象

社会保障の「負担」の分配

ここまでは、もっぱら社会保障制度の「給付」（「所得移転」とも言われる）の側面について論じてきた。これまでの議論で明らかになったのは、児童手当、児童扶養手当など、子ども関連の給付が、ほとんど拡充されてきておらず、先進諸国に比べても非常に低いレベルにあることである。ここから先は、社会保障制度のもう一つの側面、「負担」について論じてみたい。

給付が少ない中で、子どものある世帯を直撃するのが税金と社会保険料である。近年、社会保障の財政悪化を理由に、次から次へと社会保障制度の負担の増加が国民に求められてきた。しかし、この負担のあり方を根本的に見直す時期がきている。

日本の社会保障制度の一つの特徴は、社会保険によって賄われる部分と、国の一般財源によって賄われる部分が混在していることである。社会保険は社会保険料、一般財源は税金と、どちらも国民から徴収されるお金で成り立っている。公的年金などは、制度上は社会保険であるが、実際には一般財源からの繰り入れも多くあるので、社会保険とそうでない部分の線引きは難しい。

しかし、負担を国民の間でどう分割するか、という問題について、社会保険と税は根本的に異なる設計をしている。社会保険料は、厚生年金や職場からの医療保険は定率（どの所得の人も同じ割合）であるが、最高報酬標準額（保険料が課せられる最高の収入額）が定められている。低所得者に対する免除制度は存在するものの、国民年金は定額（どの所得の人も同じ額）であり、国民健康保険の保険料は定額部分（均等割、世帯割）と定率部分（所得割）から成り立っている。全体からみると、社会保険料はゆるい逆進的な構造をしている（阿部 2000）。「逆進的」とは、所得に対する負担の割合が、低所得者ほど高いことを言う。これに対して、税金は、基本的には「累進的」（所得に対する税金の割合が高所得者ほど高い）である。公的年金を社会保険方式で行うか、税方式で行うかという議論が始まって久しいが、社会保険方式と税方式では「負担のあり方」に対する基本構造が根本的に異なることを忘れてはならない。

国というのは、国民がお金を出し合って支えていくものであるから、国が充実した給付を行うためには、国民もそれなりの負担を覚悟しなければならない。出すものを出さずに、「もっと高い年金を」「もっと充実した医療給付を」「もっと高い児童手当を」と言っても、ない袖は振れない。アラブ諸国やブルネイなど、政府が油田をもつような国であれば、国民が何も払わなくても、豊かな社会制度をもつことが可能であろうが、日本では無理である。社会保険料という形であれ、税金という形であれ、国民や企業の誰かが負担しなければいけないのである。

一九七〇年代以降、「国民総中流」説が浸透し、貧困や格差が縁のないものと思われていた時代から現在まで、日本においては、この「負担のあり方」について、充分な議論が行われてこなかった。たとえば、国民の負担を表す指標として「国民負担率」がよく用いられるが、これは、税や社会保険料の総合計が国民所得に対して何%であるかという数値である。つまり、日本の社会全体の平均的な値なのである。

しかし、所得格差が拡大し、国民が「総中流」でないことが判明した現在、このような指標だけで社会政策のあり方を論じるのでは不充分である。ましてや、社会保険料のように、ゆるいとはいえ逆進的な性格をもつ制度が社会政策の中核を占める日本においては、貧困世帯ではどれくらいの負担で、経済的にゆとりがある世帯ではどれくらいというように、異なる経済状況や家族状況の人々を考慮する視点が必要なのである。しかしながら、日本では、貧困の存在自体が否定されてきたため、貧困世帯の負担がどれほどで、給付がどれほどであるか、というようなきめ細かな議論はほとんどされてこなかった。また、社会保障の議論の際に、よく用いられる「モデル世帯」(サラリーマン世帯で、夫、専業主婦、子ども二人という設定が多い)という概念も、貧困世帯を論じる際には意味をなさない。貧困世帯の多くは、このような「モデル世帯」には当てはまらないからである。

「負担」を論じる際には、国民全体の負担のレベルがどうあるべきか、といった問題と、その負担をどのように分配するべきか、といった問題を、別々に考えることが必要なのである。

子どもの貧困率の逆転現象

社会保障の議論の中で、「貧困世帯」という視点が抜けたときに、最も被害を被るのが、子どものある貧困世帯であろう。なぜなら、子どものいる世帯はおおむね現役世代であり、社会保険料や税といった「負担」が最も大きい世代だからである。このことは、以下の国際比較により、明らかである。

図3-4は、先進諸国における子どもの貧困率を「市場所得」(就労や、金融資産によって得られる所得)と、それから税金と社会保険料を引き、児童手当や年金などの社会保障給付を足した「可処分所得」でみたものである。税制度や社会保障制度を、政府による「所得再分配」と言うので、これらを、「再分配前所得/再分配後所得」とすると、よりわかりやすくなるか

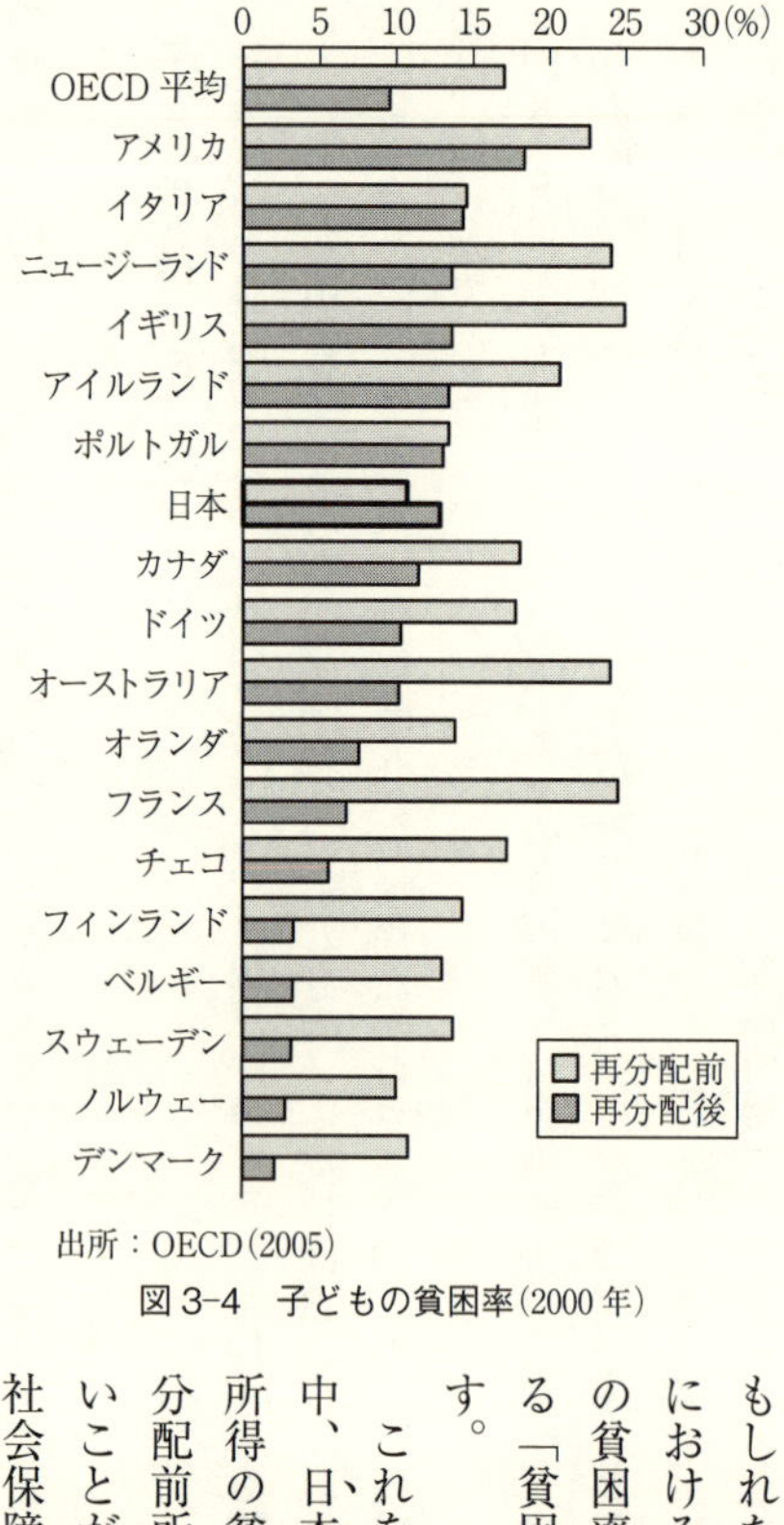

出所：OECD(2005)

図3-4　子どもの貧困率(2000年)

もしれない。再分配前所得における貧困率と再分配後の貧困率の差が、政府による「貧困削減」の効果を表す。

　これをみると、一八か国中、日本は唯一、再分配後所得の貧困率のほうが、再分配前所得の貧困率より高いことがわかる。つまり、社会保障制度や税制度によって、日本の子どもの貧困率は悪化しているのだ！

　再分配前所得と、再分配後所得の差は、給付から負担を差し引いたネットの給付である。当然のことながら、ある世帯において、受け取る給付よりも支払う負担が大きければ、ネット給付はマイナスとなり、その世帯の所得は下がる。先述のとおり、子どもがいる世帯はほとんどが現役世代であり、社会保障の給付の最大項目である年金の給付が始まっていないため、子どもがいる世帯全体の平均でみるとネット給付はマイナスとなる。このこと自体は、問題ではない。なぜなら、一つに、現役時代に保険料を払って、高齢期に年金や医療を集中的に受け取るという社会保障制度の構造上、現役時代の所得が下がっても、いたしかたないからである。もう一つは、現役世代においても、お金では換算できないため、「給付」としてカウントされないが、それなりのサービスを受けている可能性はある。たとえば、医療サービスや小中学校の義務教育など、銀行口座に振り込まれるわけではないものの、確実に便益を受けている。

しかしながら、このような留意点を加味したとしても、再分配前に比べ、再分配後に、子どもの貧困率が増加するのは問題である。貧困率の増加は、子どものある貧困の世帯でネット給付がマイナスとなっていることを表す。また、貧困でなかった世帯も貧困に陥ってしまっているのである。貧困であるということは、現在の最低限度保たれるべき生活が満たされないということである。ただ単に、「所得が下がって、ちょっとたいへんだけど、その分、将来もらえるし、サービスも受けているから」で済まされないレベルの問題なのである。

先にみてきたように、貧困世帯で育つということは、子どもの現在および長期の成長に影響する。たとえ、将来の給付を受けるためだとしても、過度の負担を強いれば、現在の生活レベルが最低限度必要なレベル以下となってしまい、それが、子どもに影響してしまうのである。

先進諸国のほとんどは、税方式か社会保険方式かの違いはあるものの、公的年金や公的医療制度をもっており、現役世代から資金を集め、高齢世代に給付するという構造はどこも同じである。しかしながら、日本においてだけ、子どもの貧困率が悪化するのは、他の国では、子どものいる貧困世帯の負担が過度にならないように、負担を少なくしたり、また、負担が多くても、それを超える給付がなされるように制度設計しているからである。その結果、他の国では、子どもの貧困率を大幅に減少させることに成功している。

たとえば、出生率が上昇に転じたことで有名なフランスをみてみよう。再分配前の子どもの貧困率は二五%近いが、再分配後は六%となっている。デンマーク、ノルウェー、スウェーデンなどの北欧諸国は平等で子どもの教育レベルも高いと認識されているが、再分配前の子どもの貧困率は日本とさして変わらないか、多いくらいである。しかし、再分配後の貧困率では、日本を大きく下回り先進諸国でも最低レベルの二~四%となっている。先にも触れたが、北欧諸国では、家族関連や教育に対する公的支出が非常に大きい。つまり、それだけのサービスを国民が享受しているはずなのであるが、それを賄うための「負担」が大きくて、貧困率が上がっているということはない。子どもの貧困を二〇二〇年までに撲滅すると公約したイギリスでは再分配前の子どもの貧困率は二五%であるのに、再分配後は一四%まで下げることに成功している。「貧困大国」と悪名高いアメリカでさえ、約五%の貧困率を減少

アメリカ
6.2
53.0
40.8
1.8
41.1
57.1

表3-3　労働力人口の所得5分位階級別分布

	フランス	ドイツ	日　本	スウェーデン	イギリス
所得のシェア					
低位20(%)	9.1	8.4	6.7	9.8	7.7
中位60(%)	54.2	55.4	55.7	56.2	52.9
高位20(%)	36.7	36.1	37.5	34.1	39.4
直接税・社会保険料のシェア					
低位20(%)	7.0	3.3	7.9	6.1	2.5
中位60(%)	37.6	52.1	52.8	52.8	48.1
高位20(%)	55.3	44.6	39.3	41.2	49.5

出所：府川(2006)

させている。

貧困に対する政府の姿勢によって、これほどの差が出ているのである。残念ながら、図3-4は、日本政府がいかに子どもの貧困について無頓着であるかを示している。

負担と給付のバランス

ここで、さらに国際比較を通じて、負担のあり方について考えてみたい。

表3-3は、日本を含む六か国の負担の実態を示している。ここでは、高齢者を除く現役世代を対象としている。人口を所得に応じて三つ(一番貧しい二〇%、真ん中の六〇%、一番豊かな二〇%)のグループに分けて、それぞれが、社会全体の総所得と、総負担(直接税と社会保険料)をどれくらいずつシェアしているのかをみてみたものである。

これをみると、所得の割合では、日本の低位のグループは六・七％とアメリカに次いで少ない。ところが、負担の割合を見ると、七・九％と一番多い。つまり、少ない所得でありながら、ほかの国よりも多くの負担を強いられているのである。逆に、高位のグループは、所得は真ん中であるが、負担の割合は一番少ない。アメリカは、所得格差が大きい国で知られており、たしかに高位グループは総所得の四〇・八％を占めているものの、負担も五七・一％を支払っている。逆に、アメリカの低位グループは所得は六・二％と一番少ないものの、負担も一・八％しか担っていない。平等主義で知られるスウェーデンでは、低位グループの所得が九・八％と一番多く、負担もそこそこ支払っている。逆に、高位グループは、所得のシェアは三四・一％と一番低く、負担も比較的に低い。

換言すると、日本の「低所得層」は、所得に不相応な負担を強いられており、「高所得層」は所得のシェアに比べると負担が少ない。このような所得と負担の配分の違いが、貧困率の「逆転」という現象を引き起こしているのである。

4 「逆機能」の解消に向けて

本章では、子どもの貧困率に影響する政府の「機能」を、「給付」と「負担」の両側面から概観した。本章での議論から明らかなように、子どもに対する政策を、家族関連給付の多寡のみで語ることは不充分である。子どもの貧困に対処するためには、子どもだけでなく、子どもの属する世帯を視野に含めて議論しなければならない。また、児童手当や保育所といった「子どもメニュー」だけではなく、税制度、社会保障制度の負担と給付といった、政府のあり方そのものを問う姿勢が必要なのである。

そのような視点をもって、子どもの貧困に対する政府の防貧機能（貧困を防止する機能）をみると、それがまったく発揮できていないどころか、貧困を悪化させていることがわかる。つまり、「機能」が「逆機能」となってしまっているのである（「逆機能」という言葉は東京大学教授の大沢真理氏が日本の社会保障制度について用いたことで有名である）。日本の政府が、まず、取り組むべきなのは、この「逆機能」を解消することである。

本書の最終章においては、ここで論じられた「負担」と「給付」の現状を踏まえて、これからの子どもの貧困に対処する政策を考えていきたい。そこで提案するのは、「少子化対策」ではなく「子ども対策」である。しかし、その前に、子どもの貧困率が特に高い母子世帯の現状（第4章）や、教育（第5章）、子どもが最低限享受すべき生活水準をどこにおくべきかという議論（第6章）を進めていくこととしたい。

第4章　追いつめられる母子世帯の子ども

1　母子世帯の経済状況

母子世帯の声

第2章では、日本の母子世帯に育つ子どもの貧困率が突出して高いことを指摘した。筆者は、二〇〇六年に、岩手大学の藤原千沙准教授、神戸学院大学の田宮遊子准教授とともに、いくつかの母子世帯の当事者団体の協力を得て、約五〇〇名の母子世帯の母親にアンケート調査を行った。本章では、このアンケートの結果や政府の公式統計を用いて、母子世帯に育つ子どもの状況を描写していきたい。

母子世帯を語るとき、「好きで離婚したんだろう」「自分で選んだ道だろう」「未婚の母はけしからん」というように、母親のモラルや母子世帯であること自体を非難する人もいる。筆者は、そのような考えには賛成できないものの、本書では、モラルの問題や、母子世帯という家族形態そのものに対する肯定や否定論を展開するつもりはない。また、母子世帯の母親は、精神的・身体的にケアが必要であったり、老後の蓄えが一切できていないなど、彼女ら自身にかかわる問題も多く抱えている。しかし、これらについても、あえて、取り上げることをしない。

本書の観点は、あくまでも、母子世帯に育つ子どもが、どういう状況にあるかということである。

本章では、ところどころに右記アンケート調査の「不安に思っていることは何ですか」という問いに対する自由記述欄に書かれた母親の言葉を引用する。これは、母親の言葉であるが、その母親に育てられている子どもの状況を行間からくみ取って頂ければ幸いである。

> 正職員になって二年目となりますが、仕事に追われて家庭にいる時間が減り、月の半分は土日も出勤しなければならず、子供たちと遊ぶ時間、余力がない状態になっています。今の仕事は安定した収入を得ることができ、経済的にはゆとりが出るようになりましたが、労働条件が過酷なので今後もつづけていけるかどうか不安です。実際体調をくずし、今夏は七～八月の間約四〇日間休職してしまい、やっと復帰して一ヶ月がたとうとしています。子どもたちの成長を心のゆとりを持って見守りたい……自分のことで手一杯になってしまって、日々の生活を楽しめていない現在、どのように今の状況を改善していくか模索中です。また子らの父からの養育費の支払い状況は良好とはいえず、再三、家裁を通じて履行勧告をしなければならず、大きなストレスの一つです。〔母三八歳、第一子八歳、第二子六歳〕
>
> （以下、子どもの年齢については、二〇歳未満の場合のみ記述、原則として原文ママ）

一七人に一人は母子世帯に育っている

母子世帯に育つ子どもは、もはや珍しい存在ではない。日本の母子世帯数を推計する厚生労働省「全国母子世帯等調査」(二〇〇三年度)によると、二〇〇三年における母子世帯数は、一二二・五万世帯であり、五年前の一九九八年に比べると約二七万世帯、二八・三%の上昇となっている。子ども数ベースでみても、母子世帯の子どもの割合は三・八%(一九八九年)から五・八%(二〇〇一年)に上昇しており、子ども一七人につき一人は母子世帯で育っていることになる(阿部・大石 2005)。

一般に「母子世帯」というと、小さい子どもを抱えた若い母親というイメージを抱かれがちであるが、これは正しい認識ではない。母子世帯の母親の平均年齢は、約四〇歳であり、ここ一〇年ほどで一歳ほど平均年齢が下がったものの、大きな変化はない。母子世帯となった時の母親の年齢にしても、三一・八歳(厚生労働省、二〇〇六年)と三〇代であり、とくに若い母親が大量に母子世帯になっているというようなことはない。六歳以下の子どもをもつ率は一九八九年から二〇〇一年にかけて約一〇%増えているが、これは女性全体に起こっている晩産化の傾向が現れているものと考えられる。

母子世帯には、母親とその子どものみで暮らす場合(これを「独立母子世帯」と呼ぶ)と、母

表 4-1　母子世帯の特徴

(年)	1989	1992	1995	1998	2001
母子世帯率(%)					
世帯数ベース	4.8	4.6	5.1	5.5	6.5
子供数ベース	4.2	3.9	4.3	4.8	5.8
母子世帯に占める同居母子世帯の割合(%)	25.4	27.6	28.4	30.1	31.4
母親の年齢(歳)	40.6	40.9	40.2	39.7	39.4
独立母子世帯	41.4	41.9	41.1	40.7	40.3
同居母子世帯	38.5	38.4	38.0	37.6	37.3
6 歳以下の子どもあり(%)	21	20	24	29	32
独立母子世帯	18	17	21	25	28
同居母子世帯	30	28	33	36	39
母親の就労率(%)					
独立母子世帯	90.2	89.5	88.3	86.5	86.3
同居母子世帯	87.0	86.1	81.7	83.9	83.1

元データ:「国民生活基礎調査」各年より筆者ら推計
出所:阿部・大石(2005)

親の親(子どもからみると祖父母)などと同居している場合(「同居母子世帯」)とがある。日本の母子世帯の約三分の一は、「同居母子世帯」であり、近年、同居の割合が増加している。独立母子世帯と比べると、同居母子世帯は母親の年齢が若く、幼い子どもを抱えている割合が高く、就労率が低い。親族と同居することは、住居費や生活費を軽減でき、また、母親が仕事に行く間に子どもを見てくれる家族がいるなど利点も多いであろう。すなわち、親との同居は、特に、住居や就職口の確保が困難である母子世帯になった初期や、子どもが幼少である時期には、生きるための戦略ストラテジーとして重要である。しかし、すべての母子世帯が親との同居を選択できる状態にあるわけではない。これは、同居母子世帯の八割以上が持ち家に住んでいることからもわかる。「帰る家」があるからこそ、帰れるのである。

両親と住まわしてもらっているが、迷惑がられたりするが、今の状況では独立して生活が出来ない。子供も体が弱く働くのも大変でした。だいぶ丈夫になり、働く時間を増やしたが、余りお給料も増えず、余裕がない。今後の学費(教育費)も心配だ。〔母三六歳、第一子五歳〕

しかし、親(祖父母)が高齢になってくるにつれて、育児と親の介護の両方が、母親にかかってくる場合もある。

認知症の母のこと、実家の処分について、自分の健康、人生後半のパートナーについて、子どもの将来。〔母五〇歳、第三子一六歳〕

病気がちで長時間働けないが、働くしかないため働いてきました。が、無理がたたり、倒れる、離職の繰り返し。同居の親も体が弱ってきておりますし、同居の妹が五年間入院しているため、精神的疲労で親・姉である私、双方、まいっております。生活保護を受けるわけにもいかず、障害者にも該当しないらしいので、医者に「ゆっくり休みなさい」と言われても気が焦るばかりです。両親の老後の面倒や妹の世話などがあと一〇年もすれば、切実な問題となってきます。自治体もハローワークも仕方ないですねという返事しか戻ってきません。〔母四〇歳、第一子一二歳〕

貧困率はOECD諸国の上から二番目

母子世帯に育つ子どもの生活水準が、ほかの子どもの生活水準に比べて低いことは前に述べた。これは、他の先進諸国にても同じ状況であるが、日本の母子世帯の状況は、国際的にみても非常に特異である。その特異性を、一文にまとめるのであれば、「母親の就労率が非常に高いのにもかかわらず、経済状況が厳しく、政府や子どもの父親からの援助も少ない」ということができる。

まず、就労率をみてみると、一九九〇年代を通じて、八〇%台後半から九〇%台がずっと保たれており(八四%(厚生労働省編 2006))、他の国と比較するとその差は明らかである。図4-1と図4-2をご覧頂きたい。これは、OECD諸国のひとり親世帯(どの国においてもほとんど

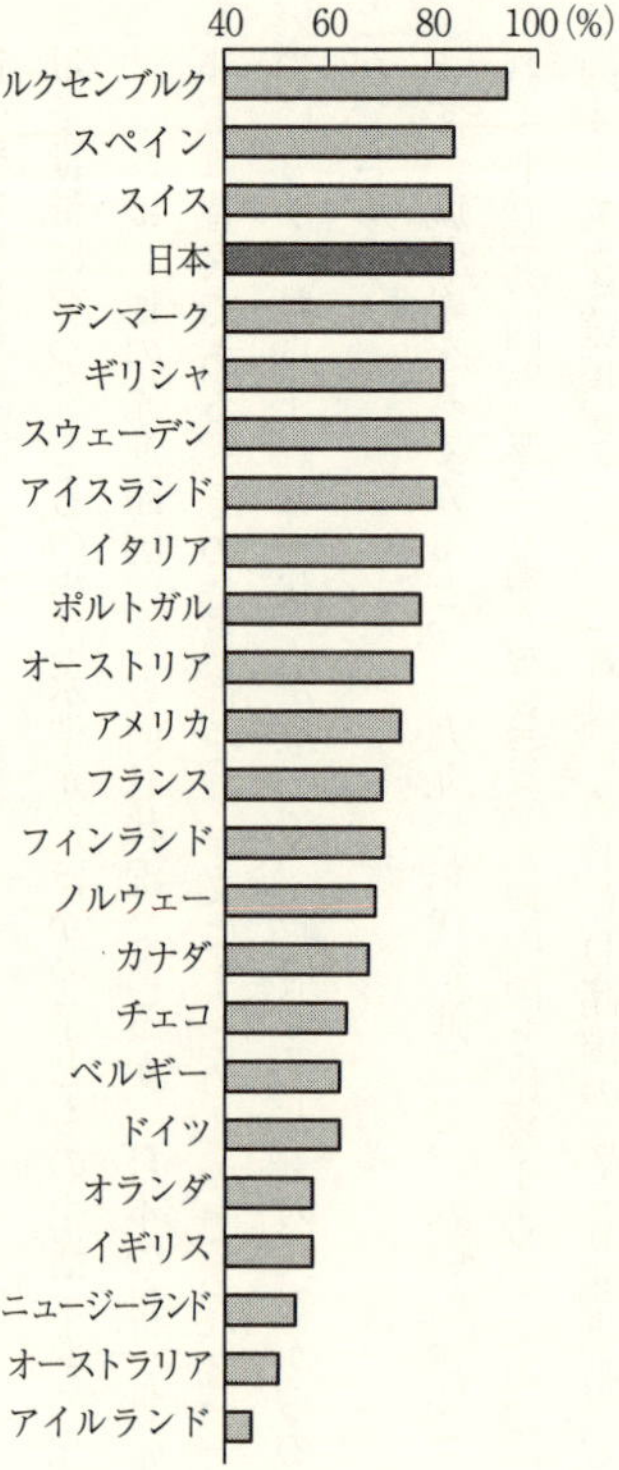

出所：OECD（2005）

図 4-1　ひとり親世帯の就労率

が母子世帯）の就労率と母子世帯の子どもの貧困率を比べてみたものである。これによると、日本のひとり親世帯の就労率は、ルクセンブルク、スペイン、スイスに続く第四位（三〇か国中）と、きわめて高い。しかも、就労率がこれほど高いのに、貧困率は、最悪のトルコとたいして変わらなく、上から二番目である。まさしく、母子世帯は「ワーキング・プア」なのである。なぜ、働いても、生活が楽にならないのか。その理由を、いくつかのデータを基に見ていきたい。

母子世帯の平均所得は二一二万円

厚生労働省「国民生活基礎調査」(二〇〇八年)によると、二〇〇六年における(独立)母子世帯の平均年間所得金額は二一一・九万円、世帯員一人当たりで八一・三万円であった。これは、児童のいる世帯の平均年間所得金額(七一八万円)と比較すると約三割にしか過ぎない。より広い定義の母子世帯をも含む厚生労働省「平成一八年度全国母子世帯等実態調査」においても平均年間収入は二一二万円であった。にもかかわらず厚労省は、この調査の公表の際に、「母子世

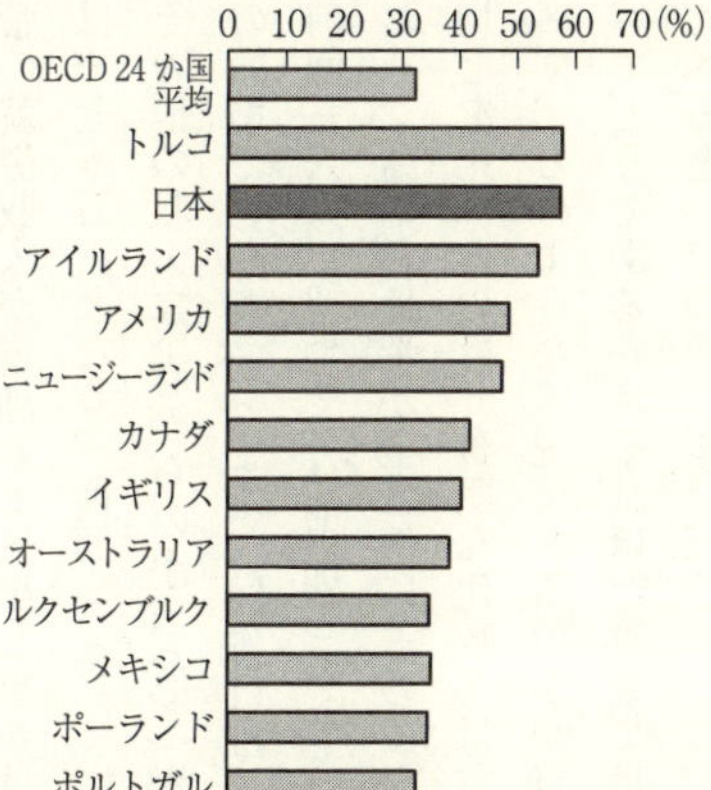

出所：OECD(2005)

図 4-2 ひとり親世帯の子どもの貧困率

帯の就労収入が増加」と見出しをつけて増加したことを強調した。たしかに、就労収入の平均は一七一万円となり、前回(二〇〇二年)の一六二万円に比べれば上昇した。しかし、その分、その他の収入(政府からの手当など)が減っているので、合計所得金額でみると四年間で一万円の微増でしかない。また、同省は母子世帯の平均所得が全世帯の平均所得の三七・八%であり、前回三六・〇%よりも「増加した」としていたが、日本の社会は高齢化が著しい速さで進んでおり、高齢者世帯が全世帯に占めるシェアが増加している中で「母子世帯」と「全世帯」の平均とを比べるのは、賢明な比較とは言えない。子どもの目からすれば、ほかの子どもたちに比べて、どのような状況にあるのかが重要なのであり、たとえば八〇歳の高齢者の生活水準と比べてどうであるかはそれほど重要ではない。母子世帯の平均所得を児童のいる全世帯のそれと比べると、二〇〇二年は三〇・二%、二〇〇六年は二九・七%とほぼ横ばいである。つまり、母子世帯の子どもたちの経済状況は、改善しているとは言いがたいのである。

すでに第2章で述べたように(表2-2)、母子世帯の子どもの貧困率は、それ以外の子どもの貧困率に比べて突出している。第2章では、独立母子世帯しか計算に含めていないが、同居の母子世帯を含めても、大きな差はない。筆者の計算によると、同居母子世帯の子どもの貧困率は、独立母子世帯の子どもの貧困率の約半分であったが、母子世帯以外の子どもの貧困率に比べると依然として三倍の率であった(阿部 2005)。つまり、母親の親などと同居しても、母子世帯の貧困が解消されるわけではない。逆に、子どもを連れた娘が「出戻り」したことによって、三世代揃って貧困に陥ってしまうことも充分に考えられる。

第2章の表2-2から推計すると、貧困の子どもの約二割から三割は独立または同居の母子世帯の子どもである。「子どもの貧困対策」を考える際には、母子世帯の問題は避けて通れないのである。

一日一日を生活するのが精一杯で先の事を考えて貯蓄するほど、収入(月額一〇万円)がない。公営住宅も優先される事もなく、家賃の高いアパートでの生活をしなければいけず、養育ヒも二年半とどこおっていて「もう関係ないから払う気がない」と言われ、子供は大きくなりお金もかかり、ノイローゼになりそうです。毎日、死にたい気持ちで暮らしています。たえられません。(母三五歳、第一子一三歳、第二子一〇歳)

非正規化の波

母子世帯の所得が低い第一の理由は、そもそも母子世帯の母親を含めた全勤労女性の就労条件が悪化していることである。一九九〇年代以降、母子世帯の母親の就労形態は、非正規化が進んでいる(図4-3)。

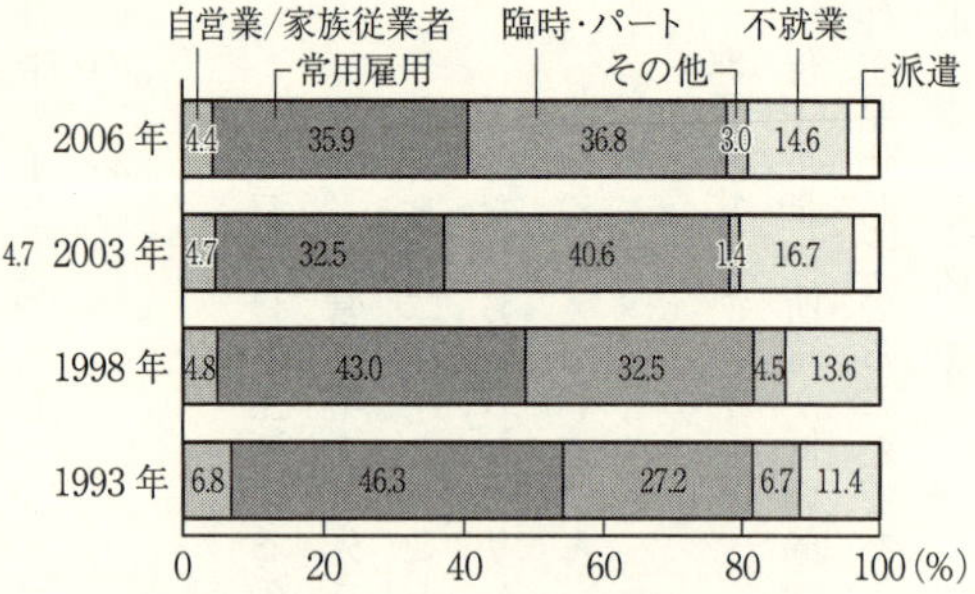

出所：厚生労働省各年.「全国母子世帯等調査」「派遣」は，2003年以降のみ.

図4-3　母子世帯の母親の就労状況

前述の「母子世帯等実態調査」によると、母子世帯の母親の総数に占める「常用雇用」の割合は、一九九三年の四六・三％から二〇〇三年には三二・五％に減少し、それにかわって「臨時・パート」「派遣」「不就業」が増えている。二〇〇六年には、その傾向が若干反転したものの、依然として非正規雇用が正規雇用より多い。雇用の非正規化の波は、特に女性において著しいが、それは母子世帯の母親にとっても同じなのである。

結果として、母子世帯の母親の勤労収入の水準は低く、しかも一九九〇年代から二〇〇〇年代にかけて低下している。少し古いデータとなるが、母子世帯の母親のうち、勤労収入がある者についてその収入の中央値をみると、独立母子世帯の母親の場合、一九九五年の一九四万円から二〇〇一年の一六八万円（二〇〇〇年価格）へと二六万円減少しており、比較的長時間就業が可能とみられる同居母子世帯の母親の場合でも、同期間に二二三万円から一八九万円へと三四万円減少した（表4-2）。最新の厚生労働省の調査（二〇〇六年）においても、母子世帯の平均就労収入は一七一万円であった。

母子世帯の当事者団体、NPO法人「しんぐるまざあず・ふぉーらむ」の調査によると、母子世帯の母親の約五人に一人は複数の職を掛け持ちしている(しんぐるまざあず・ふぉーらむ 2007)。就労形態が悪化し、長時間労働や複数の職の掛け持ちなどをして生計を維持しようとすることにより、子どもと過ごす時間が極端に減ったり、母親自身の健康を損なったりする。筆者が行ったアンケート調査でも、実際に健康状態が悪く働けない母親や、健康に不安をかかえている母親が非常に多かった。独立母子世帯はもとより、同居母子世帯においても三二%は母親が世帯の最多所得者となっている。このため、母親の失業もしくは疾病は、その世帯の死活問題に直結する。非正規雇用で働く母親は、病気休暇などの制度の恩恵も受けられない場合が多く、病気になっても働き続けるしかないのである。

表 4-2　母子世帯の母親の勤労収入の中央値の推移(2000 年価格, 単位：万円)

年	1989	1992	1995	1998	2001
合　計	172	205	203	179	170
独立母子世帯	172	189	194	169	168
同居母子世帯	180	222	223	199	189

注：勤労収入のある母親のみを対象としている.
所得は前年のもの.
元データ：「国民生活基礎調査」各年
出所：阿部・大石(2005)

母子世帯になってからダブルワークをするようになって、体調を崩したものの仕事の量を減らすことができずにいるので今後どこまで体が持つのか不安です。働かないと生活できないし……。生活保護の相談をしに市役所に行っても相手にしてもらえず、どうしていいのかわかりません。〔母四三歳、第一子一七歳、第二子一五歳、第三子一三歳、第四子一一歳〕

年齢的に正社員の仕事は見つからず、派遣でも長時間の仕事はなかなか紹介してもらえません。子供が一年生になったと同時に親と別居し公営住宅に入りましたが、母子用のものは当たらず、家賃がとても高いところに入居しました。今本当に大変で、今までの貯金を使いながら生活していますが、この調子ですと三年しか貯金が持ちません。仕事を二つし肉体的にもギリギリで疲れています。この先児童扶養手当が無くなると生きていけなくなるのではと不安で一杯です！〔母三七歳、第一子七歳〕

不安定な養育費

離婚母子世帯においては、子どもの父親からの仕送り（養育費）は子どもの養育に非常に重要である。たとえ妻と別れても、父親には子どもに対する扶養義務があり、その子の健全な発育に必要な経費を負担する責任がある。しかし、日本における離婚ケースの大多数は養育費の取り決めをしていない。前出の厚生労働省の「母子世帯等実態調査」によると、養育費の取り決めをしているのは、全体の三分の一ほどであり、若干の増加傾向にあるものの、未だに少数派である。取り決めをしても、仕送りが続くかどうかはまた別の問題である。実際に、現時点において養育費を受け取っているのは母子世帯の一九％と、約五分の一ほどに過ぎない。約八割の母子世帯にとって、子どもの養育費は母親一人の肩にかかってきているのである。

子供の父親が約束通り子供が自立するまで養育費を払い通すか、安心できない。その為、離婚時に公正証書も取りつけたが、今回相手方の申立で養育費の減額を希望されており双方の意見がまとまらない場合は審判になると家裁で言われた。もし審判で減額が認められた場合は公正証書より効力が強いと言われたが、それでは何の為にその当時話し合いをして公正証書を取りつけたのかとむなしくなった。〔母三九歳、第一子五歳〕

養育費、慰謝料が月々振り込まれるかがわからないので、将来が不安です。元主人は愛人と入籍し子供でも出来ると支払いが減額もしくはストップされる事も考えられるので。男の子二人、しっかりと育てていく為にちゃんとした正社員で仕事がしたいのですが、現在求職中です。〔母三七歳、第一子四歳、第二子二歳〕

養育費の取り決めをしない理由として、母親側から挙げられた回答の第一位は「相手に支払う意思や能力がないと思った」であり、四七%と半数近くを占めている。だが、「意思」の問題なのか、「能力」の問題なのかは大きな違いがある。「意思」の問題であるならば、養育費の取立ての強化やモラルの向上によって、状況は改善することが考えられる。しかしながら、これが「能力」の問題であるならば、いくら厳しい取立てを行っても、支払率が上がるとは限らない。

残念ながら、上記の調査は、母親が「思った」理由であること、また、「意思」と「能力」が一緒にまとめられていることから、養育費を支払っていない父親のうちどれくらいが、支払い能力があり、意思の欠如が問題なのか、または、実際に支払い能力がないのか、その内訳はわからない。しかし、離別した男性(すべて子どもがある場合とは限らない)の経済状況をみると、結婚している男性に比べ、経済状況が悪いことも事実である。離別男性の無業者の比率は一〇%(有配偶者は二%)、公的年金未加入は一二%(同三%)、契約雇用者や小さい企業に勤めている割合が多く、持ち家率も少ない(阿部・大石 2005)。離婚世帯の経済状況は離婚前にも悪い場合が多いことが、報告されており(日本労働研究機構 2003)、いくら養育費を求めても、実際に自分自身の生活費以外の支出を払うだけの経済力をもたない父親も多いのである。

元夫が失業中で養育費は全く期待できず、長男(二〇歳)が元夫に生活費の援助をしている状態、長女もうつ病になり、傷病手当が切れると収入がなくなる。結婚していた時に住んでいた家のローンの連帯債務者になっているため、元夫が支払いをしなくなると私の方に請求がくる可能性がある。手当がないと生活できない。〔母五〇歳、第三子一〇歳〕

養育費の支払いの国際比較を見ると、日本の状況は特異であるとしか言えない。アメリカ、イギリス、スウェーデンなど、多くの先進諸国では、養育費徴収の公的制度が整備されており、父親は税金を払うのと同じ感覚で養育費を支払っている。たとえば、アメリカでは、「ひとり親世帯(うち、八五%程度は母子世帯)の五～六割(離婚の場合 六四・六%、別居の場合 四九・八%、未婚の場合 四七・八%)が、養育費の取り決めをしており」、そのうち「五～六割のひとり親世帯は取り決めた養育費を全額受給しており、まったく養育費を貰っていない世帯は全体の二割に過ぎない」(周 2008)。日本に比べ、アメリカのほうが離婚率が高いため、所得が高い層の割合が比較的に多いとも考えられるが、それにしても、この差はあまりにも大きい。

2　母子世帯における子どもの育ち

平日に母と過ごす時間は平均四六分

日本の母子世帯の母親の八〜九割が働いており、欧米諸国に比べても、その就労率は非常に高いことを述べた。しかし、就労していても所得が低いため、多くの母親が勤労時間を増やしたり、二つ目、中には三つ目の仕事を掛け持ちしながら、かつ、子育てをしている。

母子世帯における母親の長時間労働は、子どもが親と過ごすことができる時間の減少に直結する。日本と欧米諸国の母子世帯の母親の時間調査(一日に何にどれくらいの時間を費やすかの調査)を国際比較した研究(田宮・四方 2008)によると、日本の母子世帯の母親は、平日・週末ともに、仕事時間が長く、育児時間が短いという「仕事に偏った時間配分」の生活を送っているという(仕事時間は日本が平均三一五分、アメリカ二四二分、フランス一九三分、ドイツ一六〇分、イギリス一三五分)。

育児に手間暇がかかる六歳未満の子どもを育てながら働いている母子世帯に限ってみると、平日の平均の仕事時間は四三一分、育児時間については、なんと四六分しかない。参考までに、同年齢の子どもをもつ共働きの母親の平日の育児時間は平均一一三分である。母子世帯の母親の場合、土日の週末でさえも、仕事時間が平均一六三分もある。さらに、一九八〇年代に比べて、その傾向が強くなっているという。分析を行った田宮遊子神戸学院大学准教授・四方理人慶應義塾大学ＣＯＥ研究員の両氏は、「シングルマザーのワーク・ライフ・バランス」の政策が必要であると述べているが、まったくその通りである。

政府は、「子育て支援」の一環として、育児と仕事を両立させる「ワーク・ライフ・バランス」を提唱しているにもかかわらず、母子世帯の母親に対してはさらなる「就労による自立」を促している。すでに精一杯働いている母親たちに「もっと働け」と迫ることは、母親自身の健康や幸福に悪影響を及ぼすのはもちろんのこと、なによりも、母子世帯に育つ子どもたちに、さらなる負担と犠牲を強いることとなる。子どもからすれば、母親は常に働いており、人に預けられたり、子どもだけで過ごす時間が多くなる。父親がいないということは、その分、ただでさえ子どもたちは、親とのスキンシップやコミュニケーションをとる時間が少なくなっているはずである。しかし、そこで、母親が「父親並み」に働くことを強いられれば、子どもの目から見た「親」は不在状況となってしまう。

子供がまだ小学生なので　教育費はかかりませんが、これから中学、高校となると教育費が増える事。夜も働かないと、現在仕事をしていますが、今以上に給与が増えるとは考

えられず、現在貯蓄はとても無理。子供一人なので、夜働くと家に一人になるので、すごく心配です。〔母四八歳、第一子一一歳〕

今は保育園に行っている、私の仕事が基本的に土・日・祝出勤なので、休日保育園(市の事業として)に行っているが、小学校に入ると、初日から一人で一日中家にいさせるか、児童ホーム(公民館と同じ)か、ファミリーサポートかの選択になると思う。いずれもあまり利用したくない。市役所に行ったら小学校で休日学童のようなものは要望が全くないので、実施する予定は全くないと言われた。〔母三八歳、第一子三歳〕

国や自治体は、公立保育所や学童保育を実施しているが、母子世帯の子どものケアのニーズには対応しきれていない。前述の「しんぐるまざあず・ふぉーらむ」が二〇〇六年に行った調査でも、就学前・小学生の子どもをもつ場合は「土日に仕事があるのに学童保育がない」「急な残業時の子どもの保育がない」といった実情を訴える母親が多かった。夜勤の仕事をしなければならないため、子どもと離れ離れに暮らさなければならなくなった母親もいる。

看護師として仕事を続けなければ、収入は無い。しかしながら子供は女の子一人、夜勤に一人おいておくには　世の中あぶない……しかしながらあずけないと夜勤できない。お金もストレスも増大。娘は小四から完全不登校になり、一五歳の時トリマーになりたいと言った。私学の専門で通信高校とあわせた学校が出来、入学したいとのぞんだ。しかしながら、夜勤しない看護婦はいらない（公務員です）といわれ、娘の学校へ行く行動を後おしする為、悩み悩み児童相談所と話し合い、中三の二月から今、施設にいる。一八歳の来年家に帰るが、親としての、この三年間つらいとしかいえない。〔母四六歳〕

もちろん、生活の糧を得なければならない母親にとって、保育施設が充実していることは重要である。十分な保育がないままに、仕事に出なければならない、というのは、最悪のシナリオだからである。しかし、たとえ、二四時間完備の保育施設ができあがったとしても、それは、母子世帯の子どもにとって望ましいことなのであろうか。最善の策は、子どものニーズや母親自身のキャリア形成を十分に考慮したうえで、適宜な時間内の就労で生活をしていけるような職や所得保障策を用意することなのではないだろうか。

「みじめな思いはさせたくない」

経済的制約が多いなかで、子どもの成長に伴う子育て費用の上昇は親だけでなく子どもにも影響をおよぼす。先述の「しんぐるまざあず・ふぉーらむ」の調査にても、中学・高校の子どもの子育てで困っていることの多くが教育費にかかわることである。「子育て費用が高くなり負担が大きい」(三一%)、「短大・大学の進学が経済的に厳しい」(二二%)、「十分な学力をつける手だてがない」(一二%)などがこれにあたる。「子どものアルバイトに頼らざるを得ない」(四%)とする親もいる。

筆者らが行ったアンケートの中でも、「肩身のせまい思いをさせたくない」「みじめな思いをさせたくない」と訴える母親が多かった。学費自体は奨学金や貸付金でなんとかなっても、部活費や習い事にかかる費用は思いのほか多く、経済的にゆとりがまったくない状態であると、外食や旅行にも連れて行ってやることさえできない。子ども自身がアルバイトをして学費や部活費を出している場合もある。中学生にもなれば、子ども自身も家庭の経済状況や母親のストレスを理解するようになるであろう。そのこと自体は問題とはいえないものの、経済的な理由で子どもが自分自身の可能性や夢をあきらめてしまうこと、それこそが親の心配するところであり、社会が懸念するべきことであろう。

母子家庭を思ってか、援助を受けようとしない次男が、学生でありながら、休日や深夜のバイトを二つも入れて、学業がおろそかになったり、健康を損ねたりしないかと心配。

〔母五〇歳、第三子一六歳〕

子供が「高校に上がった時、私立だったら生活できなくなるのではないか」などという。生活のために子供が「行きたい学校」に行くことや「夢」あきらめさせるようなことは、親としてしたくない。が、このままだとどうなるか……。〔母三八歳、第一子一一歳〕

母子世帯特有の子育ての困難さ

子どもの年齢に関係なく、母子世帯に特有とも言える問題を抱える家族も多い。先ほど紹介した「しんぐるまざあず・ふぉーらむ」の調査では、全回答者に「子育てをするうえでの気がかりや心配事」をきいている。その回答の中には、貧困であることから派生する諸問題、長時間労働による育児時間の欠如や教育費の不足に加えて、母子世帯であるからこそ直面する子育ての困難さがあることを窺わせるものが散見された。

たとえば、「母子家庭への周囲の偏見」を子育てをするうえでの心配事として挙げた回答者は二九％も存在する。母子世帯の方々の話を伺うと、「母子世帯の子のくせに大学進学なんて身分不相応だ」などというような言葉を近所の人から受けたなどというエピソードをよく聞く。このような言葉が、母子世帯の子どもたちに、新たな傷と負い目を負わせていくのである。

子どもと父親の関係を心配する母親も多い。同じく母子世帯の互助団体である「ハンド・イン・ハンドの会」による二〇〇二年の調査によると、母親が全児を引き取った母子世帯の約半数が父親との面接交渉をしており、離婚後も父親との関係を保とうとしている。しかし、父親の再婚などを契機に面接が途切れるケースも多く、特に男の子については父親像の欠如に悩む母親が多い。

離婚であれ、死別であれ、その出来事自体が子どもにとっては大きなストレスであると想像されるがそれとともに、最終的にそこに至るまでにも、両親のけんかや暴力、親の病気、周囲との葛藤など、子どもに心理的負担を与えると考えられる状況があったであろう。これらの心理的なストレスを緩和するためにも、母子世帯の子どもは、本来それだけ、ほかの子どもよりもさらに手厚いケアが必要なのである。しかしながら、母子世帯の母親は、子どものケアのニーズをたった一人で背負う身体的・精神的余裕がない場合が多い。

共働きであれば、母親の育児時間が減る分、父親がそれをカバーすることが可能であるし、金銭的な余裕があれば、平日は忙しくとも、週末はゆっくりと子どもと過ごすことができるであろう。特別にケアが必要な子どもであれば、仕事を減らしたり、家事を人に頼んで、子どもと密接な時間を過ごすこともできよう。しかし、特別なケアが必要な子どもであるにもかかわらず、母子世帯の子どもの多くにはそれが許されていないのである。

収入(給料)は増えましたが、ローン、教育費、医療費の心配は常にあり、正社員でないことも考えると不安定な生活です。しかし何より問題なのは仕事が忙しすぎて、私に精神的余裕がなく、子どもに八つ当たりをしたり、話もちゃんと聞いてあげられないことが多く、いつも追い立てられているような不安な気持ちです。仕事量を減らすと時間給になってしまい、収入は半減するおそれもあるので、又、四一歳では転職も難しいでしょうから、悩ましいところです。〔母四一歳、第一子八歳〕

表 4-3　母子世帯の子育てをするうえでの気がかりや心配事(複数回答)

子どもの病気	66	26.0%
子どもの障がい	12	4.7
不登校	19	7.5
引きこもり	13	5.1
父親の暴力による影響	16	6.3
学習面の遅れ	50	19.7
母子家庭への周囲の偏見	74	29.1
子どもの進路	108	42.5
子どもの将来	132	52.0
自分との関係	93	36.6
友人との関係	60	23.6
子育て費用の不足	140	55.1
子どもの安全確保	121	47.6
とくに心配なことはない	4	1.6
その他	16	6.3
回答者数	254	

出所:しんぐるまざあず・ふぉーらむ(2007)

子供たちが中学、高校と進むのに、学費を捻出してあげられるか心配です。いつまでもパートや臨職ではいけないことはわかっているけれど、今はまだ子供たちは私を必要としているのです。身体の世話をやく必要はなくなったけれど、心の問題や、ささえにならねばと思っています。できるだけ子供との時間もつくりたい。子供が私をそう必要としなくなる頃には私は五〇前。正社員への道なんてあるはずもなく、手当がなくなれば、私は生活できません。子供を大切にしたいなんて、母子家庭の母は考えてはいけないのでしょうか？　がむしゃらに稼ぐしかないのでしょうか？。〔母四三歳、第一子一三歳、第二子九歳〕

さらに、ショッキングなのは、母子世帯であるという一つの「不利」に加えて、さらなる問題を抱えている家庭の多いことである。上記の調査では、子育ての心配事として、「子どもの障がい」(五%)、「引きこもり」(五%)、「不登校」(八%)との回答があった。つまり、母子世帯の多くは、貧困であり、育児にあてる時間が少ない世帯が多いことに加え、「障がい」や「引きこもり」「不登校」などをかかえているのである。

子どもが成長するにしたがい、食費(中学からお弁当なのでお米代とか)や教育費が増えてくるのに、児童扶養手当は少なくなっていく……生活保護も受けられず、働きにも出られず(不登校のため)これからどうなっていくのでしょうか。お金ってある所には沢山あるのに……。〔母三六歳、第一子一二歳、第二子一一歳、第三子八歳〕

3　母子世帯に対する公的支援——政策は何を行ってきたのか

「母子世帯対策」のメニュー

このような母子世帯の状況に対して、政策は何をしてきたのか。何もしてこなかった訳ではない。父親の死別によって母子世帯になった場合には(夫が厚生年金、国民年金などの公的年金に加入していればであるが)、遺族年金が支払われる。遺族年金額は、国民年金の場合、年に約八〇万円に子ども数に応じた加算額(二〇〇四年度)、厚生年金の場合は、夫が被保険者であった期間と生前の所得額によって決定される。また、公的なものではないが、死亡保険などの民間保険による保険金給付も大きな経済的支えである。しかし、離婚、未婚の理由によって、母子世帯になった場合には、このようなまとまった給付はない。

母子世帯が利用することができる主立った制度を以下に羅列すると、

- 母子生活支援施設(旧母子寮)、母子アパート、公営住宅への優先入居など住宅を無料または低家賃で提供するもの
- 児童扶養手当
- ひとり親家庭医療費助成金などの生活費の一部を助成する現金給付

・母子寡婦福祉貸付金などの貸付金
・保育所の優先入所やひとり親家庭ホームヘルプサービスなどの育児支援
・母子家庭等就業・自立支援センターや自立支援教育訓練給付金などの就業支援

である。

これらの多くは自治体によって内容や対象者が異なり、東京都の児童育成手当など自治体独自が行っている制度もある。また、生活保護や国民年金保険料の減免制度など、低所得者一般に対する制度も存在する。

しかしながら、これらの多く(たとえば、母子生活支援施設や母子アパート、公営住宅)は、入所できる世帯数も限られており、また、施設も老朽化しているなど、急増する母子世帯の需要に、量的にも質的にも一部しか対応できていない。就業支援については、後述する二〇〇二年の母子政策の改革以降、重点を置かれている分野であるが、その有効性については疑問の声も多い。

「最後の砦」の生活保護制度

ここでは、特に、低所得の母子世帯へ現金給付を行う制度に焦点をあててみよう。

日本の社会保障制度の中で、最低限の生活を保障する「最後の砦」が前述の生活保護制度である。同制度は、母子世帯に限らず、すべての国民を対象とする制度であり、世帯所得（年金や児童手当、児童扶養手当を含める）が最低生活費（保護基準）を下回る世帯に対して、その差額を給付するものである。しかし、第3章で詳しく述べたように、生活保護を受給するには、資産や貯蓄がほとんど枯渇しており、援助をしてくれる家族親戚等もおらず、稼働能力もないなど、いくつもの要件を満たさなければならず、容易ではない。母子世帯の場合、母親の親などと同居していると同一世帯と見なされ、同居世帯全体が保護要件を満たさなければならないので、保護を受けることは非常に厳しい。

二〇〇五年に生活保護にかかった母子世帯（同居母子は除く）は約九万世帯である。年度が若干違うので、注意が必要であるが、二〇〇三年の母子世帯数は一二二・五万世帯と推計されているので、単純に計算すると、母子世帯の約七％が生活保護にかかっている計算となる（厚生労働省の統計によると、母子世帯の世帯保護率は一三・一％であるが、これは定義が狭い独立母子世帯のみを分母としているためである（『生活保護の動向』二〇〇七年版））。すなわち、母子世帯であっても、生活保護を受けているのは一四世帯に一世帯程度であり、九割以上の世帯は勤労収入や後記する児童扶養手当のみで生計をたてている。

さらに、生活保護を受けていても、その四九・二％（二〇〇六年）が就労しており、勤労所得や他の所得（児童扶養手当など）が最低生活費に満たない分だけを生活保護に頼っている。残りの約半数の被保護の母子世帯は、健康上の理由などから就労が困難であると考えられる。すなわち、日本の母子世帯は、たとえ、生活保護にかかっていても、「福祉依存」と呼ばれる状態でないことを特記しておきたい。

二〇〇二年の母子政策改革

母子世帯に対する施策の中で、最も対象者数が多いのが児童扶養手当である。児童扶養手当は、父親と生計を共にしない一八歳未満の子どもを養育し、所得制限を下回るすべての母子世帯(または、養育者)を対象とする現金給付制度である。その給付額は、世帯の所得水準によって異なり、最高月四万一七二〇円(二〇〇八年度、二人目はこれに五〇〇〇円の加算、三人目以降は一人あたり三〇〇〇円の加算となる)から〇円まで段階的に決定されている。二〇〇七年二月現在、約九九万人が児童扶養手当を受給しており、これは、母子世帯の約七割となる。母子世帯の増加に伴って、児童扶養手当の受給者数は増加しており、一九九九年の六六万人から、約一〇年後の二〇〇八年には九九・九万人に達した。

こうした中、政府は二〇〇二年に、母子世帯に対する政策の大幅な改革を行った。改革の主目的は、「児童扶養手当の支給を受けた母の自立に向けての責務を明確化」し、「離婚後などの生活の激変を一定期間内で緩和し、自立を促進するという趣旨で施策を組み直す」(厚生労働省

「母子家庭等自立支援対策大綱」）ことである。つまり、児童扶養手当など受給期間が長期で恒常的な性格をもつ所得保障は極力制限し、代わりに、職業訓練などを通して母親自身の労働能力を高めることにより、将来的には政府からの援助を必要としない「自立」生活を目指すというものである。

この大義名目は立派であるが、実際の現場においては、職業訓練などの成果が見極められる前に、所得保障の削減に着手された。まず、二〇〇二年には、児童扶養手当の支給額に「テーパリング制」が導入された。テーパリング制とは、支給額が所得に応じて徐々に減額される方式である（それまで全額と半額の二段階で給付されていた）。これにより、所得限度額を超えると急に支給額が激減するといった矛盾は解消されたものの、全般に所得制限が厳しくなったため、全額を受け取ることができる所得制限は年二〇五万円から同一三〇万円まで引き下げられた（母と子一人の二人世帯の場合）。また、父親からの養育費の八〇％を所得として算入し、寡婦控除・寡婦特別加算を所得控除の対象からはずすなど、支給要件がより厳しくなった。結果として、受給者の中で全額を支給されていた率は八五％前後から六〇％台まで減少し、多くの受給者の支給額が減額された。

次に、児童扶養手当の有期化が法文化された。これは、児童扶養手当の（全額）支給期間に五年間のタイム・リミットを設けて、受給期間が五年を超えた世帯、あるいは母子世帯になって七年経過後の世帯に対して、その時の所得が所得制限を超える／超えないにかかわりなく、支給額を最大二分の一まで減額するというものである。この措置は、二〇〇八年四月から始まるはずであったが、関係者団体の切実な反対運動の甲斐もあり、とりあえず凍結されている。しかし、いつ、この議論が再開しないか、予断を許さない状況である。また、二〇〇七年からは、生活保護を受ける母子世帯に支給されていた「母子加算」(月二万程度)が廃止された。

経済的見通しが非常に不安です。能力や経験があっても東京以外だと、仕事が極端になくなります。企業の人件費削減で、雇用形態がパートや派遣が大部分になっており、小さな子供がいる状態では収入は自ずと限られてきます。現在受給している児童扶養手当は、現金収入の三分の一近くを占めます。これが減らされると非常に困ります。時期的にも、中学・高校進学とお金がかかる時期と重なります。また、現在の就業支援プログラムは、基礎的事項が中心なので、即戦力として収入につなげるには、それ程役立たないように思います。自治体による地域格差があるのも残念です。女性が安定して働ける社会が成熟していない段階では、個人の努力だけではどうにもできない現実ばかりを感じます。〔母三四歳、第一子二歳〕

「五年」のもつ意味

児童扶養手当の有期化の背景には、母子世帯の生活苦は、生活が激変したことによる「一時的」なものであり、母子世帯となってから時間がたてば、生活基盤が整い、公的支援に頼らずに生活をおくることが可能であるという仮説が存在する。さらに、この改革の意図を深読みをすれば、五年たっても所得制限以上の所得が得られないのは、母親が児童扶養手当をもらい続けたいがために、故意に勤労所得が制限以下となるようにおさえているという、暗黙の理解がある。

このような現象は、欧米において社会問題化し、一九九〇年代の欧米諸国の福祉改革の原動力となった、いわゆる「福祉依存」への批判である。しかし、「福祉依存」への批判は、あくまでも、欧米の潤沢な福祉政策への反省として生まれたものであり、これを日本にあてはめるのには大きな矛盾がある。その理由をここに述べていきたい。

第一に、母子世帯の生活苦は、母子世帯となってからの年数がたつにつれて軽減するものではない。筆者らが行った二〇〇六年の母子世帯調査では、母子世帯となった当初から現在までの所得の変化をなるべく詳しく過去に遡って書いてもらった。母子世帯となってからの期間と勤労所得との関係をみると、時間がたつにつれて勤労所得が上昇する傾向が認められるものの、伸び率が大きいのは三年目までで、それ以降は所得に伸び悩みがみられる。勤労所得が微増でも上昇し続けるのは、学歴が高く、比較的に若い時点で母子世帯となったなど、一握りの特別に恵まれた母子世帯だけである。雇用形態が悪い場合(フルタイム・パートや、短時間勤務、断続雇用)は、勤労所得はほとんど増加しないという結果になった。

筆者が、この調査結果を母子世帯支援団体の会員の方々の前で報告した時、一人の母子世帯の母親が発言した。彼女は、母子世帯となってから三年間ほどは所得が上がり、その後伸び悩むといった結論に頷きながら、「最初は何もないところから始めて、がむしゃらに働くんですよね。でも、そうやってがむしゃらに働いていると、だいたい五年目くらいで身体が壊れてしまうんですよね」とご自身の経験を語られた。彼女の経験は、母子世帯の多くの母親が共有できるものである。

第二に、欧米においては、母子世帯に対する福祉給付の額が潤沢であるため、それに「依存」して(=就労せずに)生活することができた。しかし、日本においては、児童扶養手当は満額もらえたとしても、月四万円程度であり、それだけで生活するのは無理である。日本の母子世帯の母親の就労率がほかの先進諸国に比べて高い理由はここにある。つまり、働かなければ生きていけないのである。彼女らは、すでに目いっぱい働いており、その状況を無視して、欧米で行われたように福祉給付を強制的に削除することは、母子世帯に育つ子どもの健やかな成長に悪影響を与えるものである。

増える出費

第三に、母子世帯の生活は、時間がたつとともに、苦しくなる可能性も充分にある。その理由は、子育てにかかる費用の増加である。上記の調査で、母子世帯となったころに比べて現在の暮らしがどう変化したかを尋ねてみた。すると「よくなった」と答えたのは回答者の三四％、逆に「苦しくなった」と答えたのは四二％と、「苦しくなった」と回答する人のほうが若干多いという結果になった(図４-４)。これを母子世帯となってからの期間別に見ると、「よくなった」とする人が、年数がたつにつれて多くなるのと同時に、「苦しくなった」という人も多くなる(図４-５)。すなわち、生活感は二極化している。

そこで、「苦しくなった」とした人に、その理由を聞いたところ、最も多く挙げられた理由は「子どもが大きくなってお金がかかるようになった」(複数回答で七二％)で、二番目に多かった「勤労所得が下がった」(同四二％)を大きく上回っていた。項目別に家計の支出について、その増減をたずねると、母子世帯となった頃に比べ、教育費では全体の七四％、食費では五八％の人が「増えている」と答えている。

子どもが成長するにつれて、学費(受験料、入学金 etc.)や、子どもが希望する習い事

（部活動費、塾 etc）、衣類費などに出金が多くなってきています。今は何とか貯蓄金を捻出できているが、そろそろそれも厳しくなってきています。毎月赤字を出さないようにするのに必死です。〔母三六歳、第一子一二歳〕

学費について不安です。子供は大学に入らないと夢が叶わないし、かと言って現在の収入では奨学金を借りたとしてもやりくりが出来ない。いろいろな資金を借りても返済に不

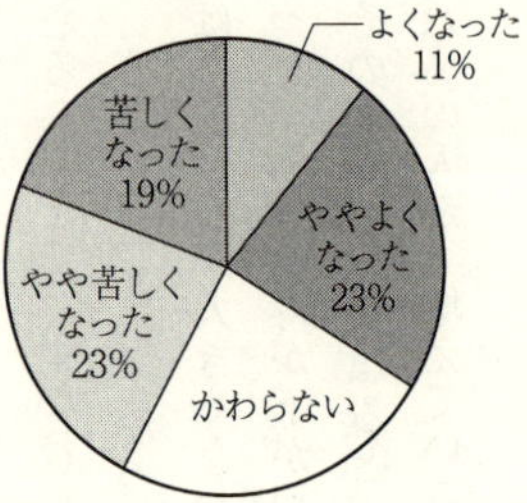

元データ：『母子世帯の生活の変化調査』（2006 年）
出所：阿部・藤原・田宮（2006）

図 4-4　母子世帯になったころに比べて，現在の暮らしは？

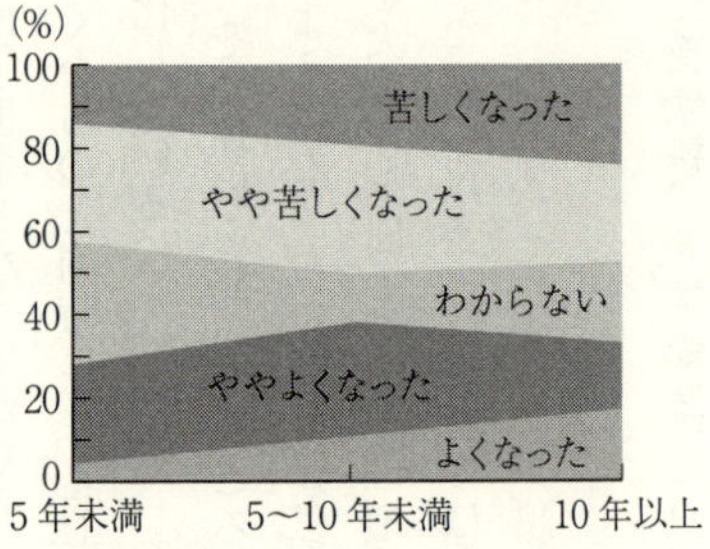

p<0.001
元データ：『母子世帯の生活の変化調査』（2006 年）
出所：阿部・藤原・田宮（2006）

図 4-5　母子世帯になった頃に比べた生活感

安があります。せめて学校だけは親の力で卒業させたいと考えてます。老後の生活も非常に不安です。欧州のような福祉がととのうと良いと思ってます。ひとり親生活者が常につどえる施設があっても良いと思います。〔母五七歳、第一子一七歳〕

子どもが進学する高校・大学の頃が一番お金がかかるのに、その頃に手当がなくなるのはとても困ります。奨学金を借りたりしていますが、今の若者の就職状況を考えても本人が返済できるのか、将来の不安が募ります。母子福祉資金なども保証人をたてないと借りられないので、お金のことが一番不安です。〔母四二歳、第一子一七歳、第二子一五歳、第三子一二歳〕

調査結果から、母子世帯の経済状況は、母子世帯になった当初に比べると、所得については、横ばい、または微増となるが、その後は特に教育費など子どもにかかわる経費の増加によって苦しくなることがわかる。図4-5で見ることができる生活感の二極化は、母子世帯になったときの子どもの年齢や、母親の就労状況によって経済状況が二分されることによっておこると考えられる。

4　「母子世帯対策」ではなく「子ども対策」を

母子世帯に対する政策は、まず、母子世帯に育つ子どもの健全な育成をその第一の目的にするべきである。母子世帯に育つ子どもの多くは、親と一緒に過ごす時間が少なく、教育をはじめ、ほかの多くの子どもが享受している便益について「がまんしなければならない」状態にある。これらの影響は、母子世帯の子どもの義務教育修了後の（十五～一九歳）就学率が一般の同年齢の子どもに比べて低い、という事実にも表れている（労働政策研究・研修機構 2003）。母子世帯の子どもが、低所得状態にある家庭で成長することで、社会人として自立するために必要な教育や技能を身につける機会を逸したり、修得する意欲を失ったりすると、その子ども自身も低所得の労働者となり、彼ら・彼女らの結婚や子育てに影響してくる恐れがある。「貧困の世代間の連鎖」である。

母子世帯の子ども、そして母親の現状をみると、現在の母子世帯対策は不充分であると結論せざるをえない。繰り返しみてきたように、日本の母子世帯の所得の低さは、「福祉依存」に起因するものではなく、母子世帯の母親の就業機会が長時間仕事をしても賃金が低い仕事に限定されていることに由来する。こうした仕事の多くは長期間勤続しても、賃金上昇は見込めず、母子世帯の困窮は必ずしも母子世帯になった直後の一時的なものであるとはいえない。政府は、母子世帯の就労支援策を強化しているが、これらが、実際に彼女らの勤労所得や雇用条件の改善にどれほど有効であるのかは検証されていないのが事実である。就労支援策が成果をあげれば、母子世帯の所得はおのずと上昇し、児童扶養手当の所得制限を超えるはずであり、「五年」というタイムリミットを設けなくても「自立」していくはずである。しかし、どのような就労支援策であっても、全ての人に有効であるわけではない。児童扶養手当の有期化は、就労支援の恩恵を受けることができなかった人々と子どもたちの生活水準をさらに悪化させる可能性がある。

実は、このような問題は母子世帯の子どもに限ったことではない。本書でみてきたように、子どもの貧困は、ふたり親世帯であっても、父子世帯であっても発生する。雇用の非正規化や経済状況の悪化は、母親だけではなく、父親にもおこっているのである。筆者は、所得保障や就労支援策に関して言えば、「母子世帯対策」を廃止し、代わりに、その子どもが属する世帯のタイプに関係なく行われる「子ども対策」を立ち上げる必要があると思っている。

「子ども対策」の主目的は、子どもの貧困の撲滅と適切なケアの確保である。そのためには、充分な所得保障と、「機会の平等」の確保（教育費の無料化など）、そして、親や養育者に対する「ワーク・ライフ・バランス」（仕事と育児の両立）支援が必要である。現在の「母子世帯対策」は、経済的自立ばかりに目がいっており、子どものケアや両立支援の観点がすっぽり抜け落ちている。子どもを保育所や学童保育に預けっぱなしで、たとえ、収入が良くても勤務時間が長い職や、二つ、三つの職を兼業することによって経済的な「自立」を果たしたとしても、それは、親の観点からも、子どもの観点からも、望ましい結果ではない。

「母子世帯」という括りで政策がたてられていることに起因する弊害は幾多とある。その最大のものは、離婚や未婚に対する偏見や、「モラル・バッシング」(価値観に対する中傷)を受けやすいということであろう。このような議論にはまってしまうことにより、その渦中にいる子どもが忘れられてしまう危険性がある。

第二に、「母子世帯」という形態にとらわれすぎると、母子世帯の貧困が、何か特別な状態であるような錯覚も起こさせる。たとえば、児童扶養手当を、母子世帯となってからの一時的な支援と位置づけてしまうことがこれにあたる。「五年目」だから、「一〇年目」だから、という切り口ではなく、「今、現在」の子どもの状況がどうであるか、という視点が必要である。

世帯形態に関係なく、子どもに着目することによって、ふたり親世帯や父子世帯、祖父母と暮らす子どもなど、さまざまな状況にある子どもの貧困に対処できる。たとえば、現在、父子世帯は児童扶養手当の対象となっていないが、貧困の父子世帯が面する問題は、貧困の母子世帯が直面する問題と同じである。たしかに、貧困率を見れば、母子世帯の方が、父子世帯に比べて高い数値となっているが、かといって、貧困の父子世帯がないわけではない。政策における、ジェンダー・バイアス、世帯形態バイアスを取り除くことによって、すべての子どもを視野に含めた制度を構築することができるのである。

本章の最後に、本書の主題ではないものの、母子世帯の母親のことについて一言付け加えておきたい。彼女らの多くは、現在の生活を維持するために精一杯であり、自分の老後や病気に備えた貯蓄はほとんどできていない。また、仕事と育児と家事を無理をしながら支えているので、身体的や精神的に病気になる人も多い。彼女らの問題は、母子世帯の母親のみならず、子どもをもたない離死別女性、夫に先立たれた高齢女性、独身女性などを含めた、女性全体の問題ともいえる。女性の貧困は、それ自体が大きな社会問題であり、本書では書ききれないが、最後に、ある母子世帯の母親の以下の言葉をもって、この章の締めくくりとさせていただきたい。

「子どものために早く死にたい」と、母親に言わせる社会は許されるべきではない。

子供の大学進学を控えての経済的不安。派遣のため収入の増える見込みがないので自分の老後の蓄えをするよゆうがない。将来働けなくなったら、すぐ死んだ方が子どもにめいわくをかけないで済むのではないかと考える。〔母四二歳、第一子一五歳〕

第5章　学歴社会と子どもの貧困

1　学歴社会のなかで

日本は「学歴社会」であるという。日本人の意識のなかで、「学歴」は大きな位置を占めており、外国における「出身階級」や「人種」といった社会を分断する「社会階層」と同じような役割を果たしている（竹内 1999、吉川 2006）。ちょうど、高校進学率がほぼ一〇〇％（中学卒業者に占める高校進学者の割合。二〇〇八年は九七・八％）（文部科学省「学校基本調査」）、大学進学率が五〇％近く（高校卒業者に占める大学進学者の割合、二〇〇八年は五二・八％）（同右）となったことにより、大卒／非大卒がほぼ五〇対五〇に社会を二分するようになったことも、学歴によって社会が分断されるというイメージを彷彿させる。

教育社会学の分野においては、学歴に関する膨大な研究の蓄積がある。なかでも、学歴によって将来がきまってしまうという「学歴メリトクラシー論」や、教育が社会の不平等を継続させるメカニズムになっているという指摘、学歴の達成が出身階層に影響されているという「大衆教育社会論」（苅谷 1995）など、「学歴社会」にかかわる教育社会学からの示唆は、貧困研究者の見地からも頷かされるものである。最後の、学歴と出身階層との関連については、第1章

（図１-６、二六頁）にても触れたので思い出してほしい。

本書においては、これら教育社会学からの成果をここに羅列するつもりはない。ここでは、「子どもの貧困」という観点からそのいくつかをピックアップして紹介したい。これらは、すでに多くの書物などでも取り上げられているので、熟知している読者も多いであろう。そのような方々はおさらいとして読み飛ばしていただければよい。これらの研究成果を概観したうえで、すべての子どもが享受すべき最低限の教育とは何かを考えていきたい。

中卒・高校中退という「学歴」

「格差」ではなく、「貧困」を論じるとき、着目されるのは「低学歴」である。具体的には、高校進学率が九七％である日本の学歴社会の中で、「中卒」「高校中退」がどのような意味をもつのかをまず初めに確認しておきたい。

貧困研究で著名な岩田正美日本女子大学教授は、「低学歴」という「不利」が、貧困者の中でもとくに深刻な問題を抱えている層と密接に結びついている様をさまざまなデータをもって示している（岩田 2007）。岩田らが行ったホームレスの調査（都市生活研究会「平成一一年度路上生活者実態調査」）においては、ホームレスの人々の学歴は「義務教育まで」が約六割であった。二〇〇七年に厚生労働省が行った調査においても、全国のホームレスの人々の学歴は、中学校

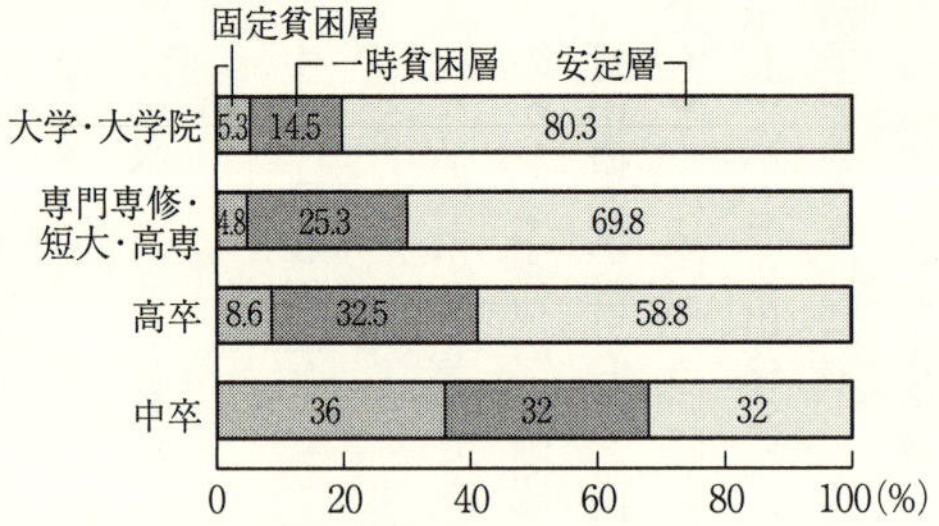

出所：岩田(2007)

図 5-1　女性の貧困経験と学歴

卒が五四・五％、高校卒が三一・五％、短期大学・専門学校卒が二・九％、大学卒が五・六％である。ホームレスの人々の平均年齢は五〇歳代なので、その影響もあるものの、そうだとしても、中卒者が半数以上というのは多い。

家計経済研究所が追跡調査をしている若年女性（一九九三年に二四～三四歳の五七二人）においては、貧困経験と学歴との「関連はきわめて明瞭」（岩田、前掲書）であるという。九四年から二〇〇二年の九年間にわたって回答者をフォローして行った調査の結果、中卒では「固定貧困層」（九年間継続して所得が貧困線以下）が三六％、「一時貧困層」（九年間のうち一時的に貧困経験有）でも三二％であった。対して、大卒では「安定層」（一回も貧困経験がない）が八割となる（同右）（図5-1）。従来、女性においては、結婚によって経済状況が変わることが想定され、彼女ら自身の学歴と経済状況には、それほど大きな関連はないであろうと考えられていたが、女性においても、学歴とその後の貧困経験が密接に関係している。残念ながら、男性をこのように長期間フォローした調査は現在のところ日本にはないが、男性においては、その関連性がより強いと考えられる。
労働政策研究・研修機構が行った分析においても、中卒・高校中退者におけるフリーターやニート比率はとくに高く、また増加傾向にあることが指摘されている(小杉・堀 2006)。二〇〇二年においては、男性の中卒(以下)の学歴のフリーター(一五〜三四歳の在学しておらず、女性の場合配偶者がいなく、勤め先における呼称が「パート」または「アルバイト」、またはその職を欲する者)の率は二一・七%、女性では五〇・二%である(表5−1)。女性の場合、中卒者の約半数がフリーターになっている。

表5-1　学歴別フリーター率(%)

	年	1982	1987	1992	1997	2002
男性	小学・中学	4.3	9.1	12.3	15.6	21.7
	高校・旧中	2.4	4.4	4.9	7.2	10.7
	短大・高専	2.2	3.3	3.1	5.1	7.6
	大学・大学院	1.2	1.4	1.4	2.7	4.5
	全体	2.4	4.0	4.4	6.4	9.3
女性	小学・中学	12.9	27.2	32.1	42.4	50.2
	高校・旧中	6.5	10.7	11.1	20.0	30.4
	短大・高専	7.3	8.2	6.9	12.1	16.0
	大学・大学院	8.0	8.9	6.8	9.6	9.6
	全体	7.3	10.8	10.2	16.3	21.9

注：学歴不明は除いた
出所：小杉・堀(2006)

　中卒者以外でも「不利」な学歴は存在する。ここでは、詳しいデータは割愛するが、高校・大学などの学校レベルにおける中退者や長期欠席者も同様の状況にある。若者の職の現場をレポートし続けている「読売新聞」の大津和夫記者は「ニート状態にある若者における学校中退者(高校・大学・短大・専門学校)が三割を超える事実(厚生労働省「ニート状態にある若者の実態および支援策に関する調査研究」二〇〇七年)を指摘して、「学歴がモノを言い、やり直しが困難な社会では、「学校」「学歴」「親」「友人」を欠いた彼らが、自立して安定した生活をおくれるような職に就くことはむずかしいのが実情だ。そして、「仕事」という〈つながり〉から外れ、「住宅」、「医療」などさまざまなつながりからも〈置き去り〉にされてしまう」と述べる(大津 2008)。

2　「意識の格差」

貧困世帯の子どもに低学歴が集中することは、単に、高校や大学の授業料が払えないといった問題だけから派生しているわけではない。日本では、額や対象枠数が充分であるかという問題はあるものの、まがりなりにも奨学金制度や貸付金制度が存在し、成績がよければ、それらを活用して上の学校に進学することが可能であるからである。

しかし、第1章でOECDの「学力到達度調査(PISA調査)」によるデータが示したように、すでに、一五歳、つまり、中学校の終了前の段階の子どもたちの間には、社会経済階層による大きな学力格差が存在する。その格差の根底にある要因は何であろうか。

すでに第1章にて述べたように、研究者の間では、子どもの成長に影響する「経路」はいくつも存在すると考えられている。学力達成を考えた場合、「経路」には塾や家庭教師などの教育投資を行うことができないという「経済的要因」、家庭において親が子どもの勉強をみたり、ゆとりをもって子育てができないという「ストレス要因」、家庭内に落ち着いて勉強ができる場所がなかったり、居住地域に図書館や公園などの社会資源がないという「環境要因」、などが思い浮かぶ。

これら数々の経路の中で、「モデル論」(親自身の出世や学歴達成に対する価値観が子どもに継承される)や「文化論」(親がもつ「文化」が子どもに継承される)が彷彿される「意識の上の格差」は、日本においても、多くの研究者の関心の的であり、優れた研究成果が報告されている。なかでも、苅谷剛彦東京大学教授の『階層化日本と教育危機』(有信堂高文社、二〇〇一年)や山田昌弘東京学芸大学教授の『希望格差社会』(筑摩書房、二〇〇四年)は、「努力」「意欲」「希望」といった意識の格差が拡大していることを指摘し、大きな反響を呼んだ。ここでは、彼らの分析を簡単に紹介しておきたい。

努力の格差

苅谷による意欲的な分析結果は、筆者を含め、多くの人にとって衝撃的であった。苅谷は、一九七九年と九七年に行われた高校生を対象とする調査をもちいて、子どもの勉強に対する意

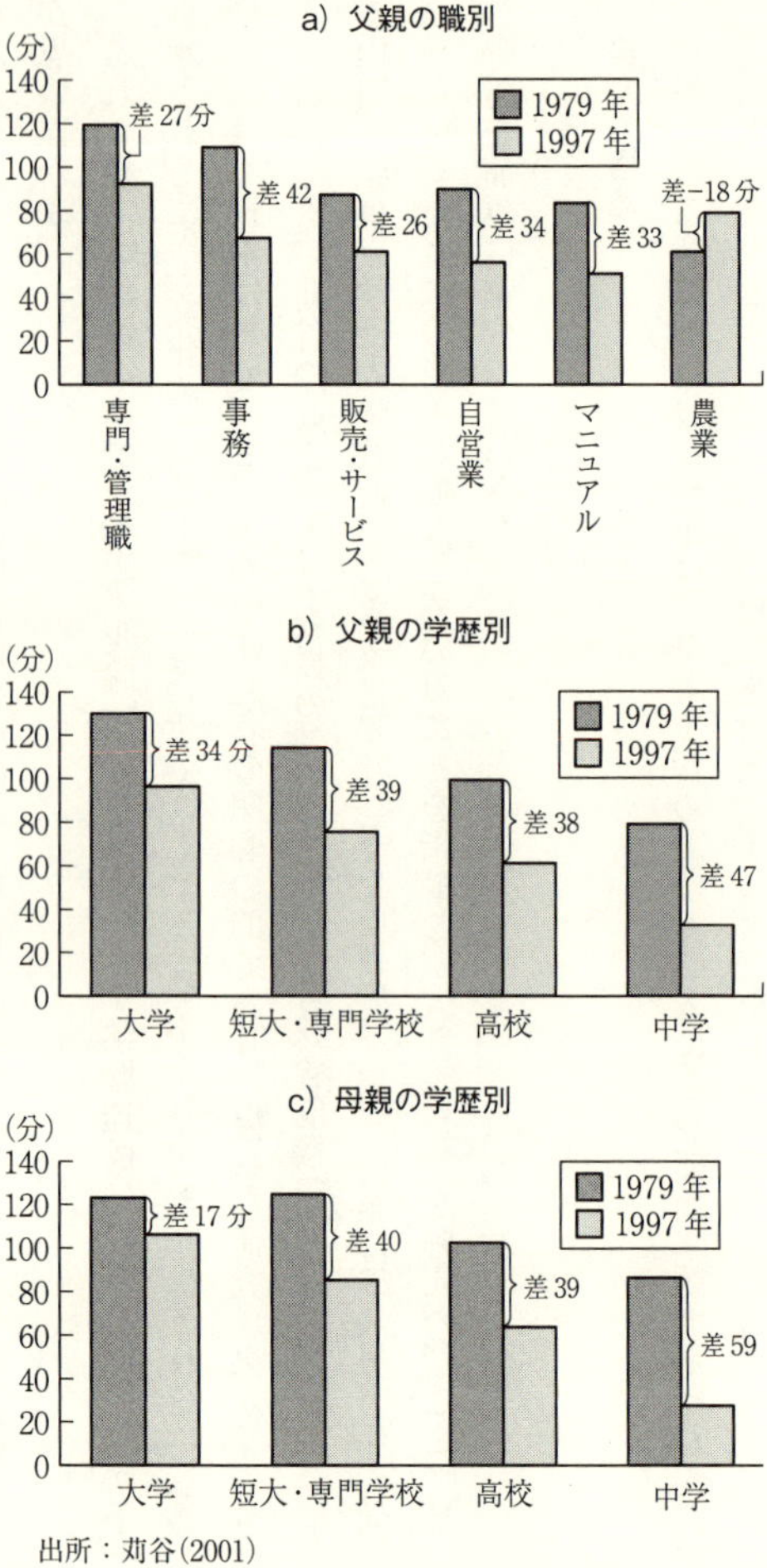

出所：苅谷(2001)

図 5-2a・b・c　学校外の学習時間(平均)

識の変化を社会階層別に分析している。まず、第一に分析されたのが「努力」である。子どもの社会階層によって、「努力」の度合いに差があるのか。その問いに答えるために、苅谷は高校生が学校から帰宅後にどれだけ勉強しているかに着目する。

図5‐2abcは、父親の職業、学歴、母親の学歴別の子どもの学校外の学習時間の平均値である。ここから読み取れる結果は以下の三点に集約される。第一に、一九七九年から一九九七年にかけて農業を除くすべての階層の子どもも学習時間が減少している。第二に、学習時間は、社会階層が高いほど、長い。第三に、階層による学習時間の格差は拡大している。

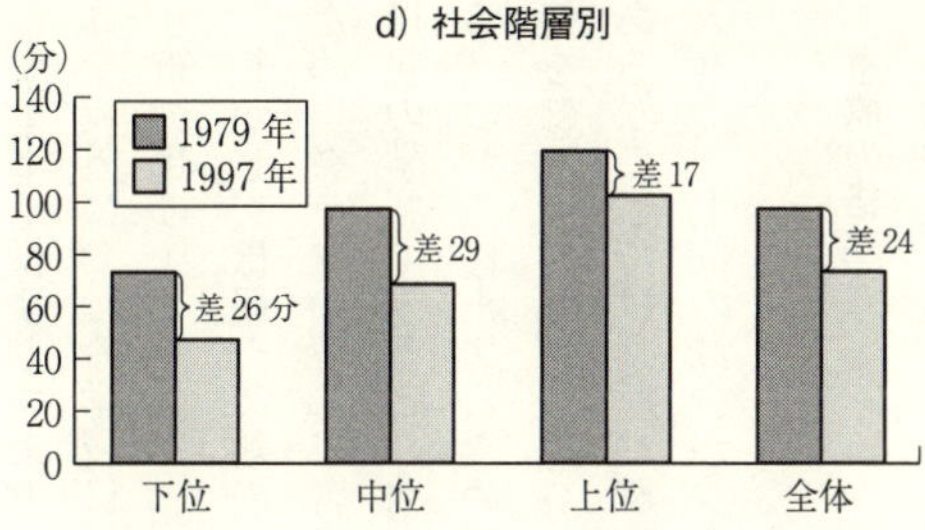

出所：同右

図5-2d　社会階層別　学校外の学習時間（平均）

父親の職業でみると、「専門・管理職」の子どもは七九年から九七年にかけての減少が二七分であるのに対し、「事務」では四二分、「マニュアル」（＝労働者階級）では三三分である。また、父親の学歴でみると、大卒では三四分減なのに対し、中卒では四七分減である。結果として、父親の職業や学歴による子どもの「努力」の差は、七九年にも存在したものの、九七年にはさらに大きくなっている。九七年においては、父親が大卒の場合（九七分）と、中卒の場合（三三分）では、その差は一時間以上（六四分）となる。

この傾向は、母親の学歴をみるとより顕著であり、母親が中卒の場合は七九年から九七年にかけて学習時間が約一時間

(五九分)も減少しており、大卒の母親をもつ子どもと比べると七九分の差が生じている。実際に学校外における学習に、より関与するのは、父親よりも母親と考えられるので、この結果にも頷かせられる。

しかし、母親や父親の学歴や職業階層の分布は、一九七九年と九七年で大きく異なっているため、グラフの各棒に含まれる生徒の割合が違うことには留意しなければならない。たとえば、母親の学歴でみると、七九年には「中卒」の生徒が三五%いたが、九七年には六%となっている。これを修正するために、両親の学歴と父親の職業をもとに「社会階層指標」を作成し、生徒をほぼ同じ割合で三分割(下位、中位、上位)して同様の分析を行っているのが図5-2dである。ここでは学歴や職業階層ほどではないものの、やはり、下位と中位の学習時間の減少が大きく、上位の減少が少ないため、結果として、格差が拡大している様子が見て取れる。

意欲の格差

それでは、何がこの「努力」の差をもたらしているのであろうか。苅谷は、この問題にも迫っている。その答えの一つとして出されたのが「意欲の格差(インセンティブ・ディバイド)」である。「意欲」を示す指標として、苅谷が用いたのは、前掲の調査において「落第しない程度の成績をとっていればいいと思う」という設問に同意する生徒の割合である。この、勉強に対する自由放任的な態度は、「よい成績をとろう」という積極的な意欲の裏返しとみることができる。

図5‐3aがその結果である。「落第しない程度……と思う」に同意する生徒の割合を、七九年と九七年で比べてみると、やはり、どの階層でも上昇しているが、その上昇幅は、社会階層の下位と中位がほぼ同じで一四ポイントの上昇、対して、上位は約九ポイントの上昇である。結果として、九七年には、社会階層が下位とされた生徒の半数以上が「落第しなければよい」

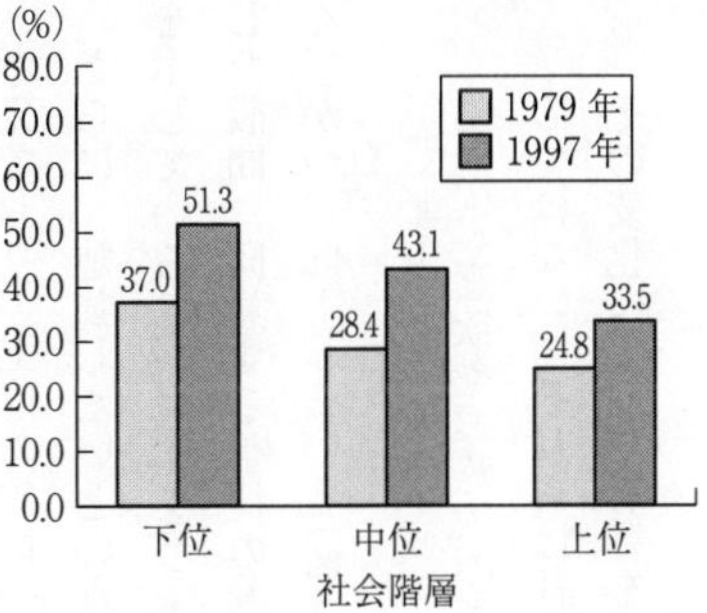

出所：苅谷(2001)

図5‐3a 「落第しない程度の成績をとっていればいいと思う」(社会階層別)

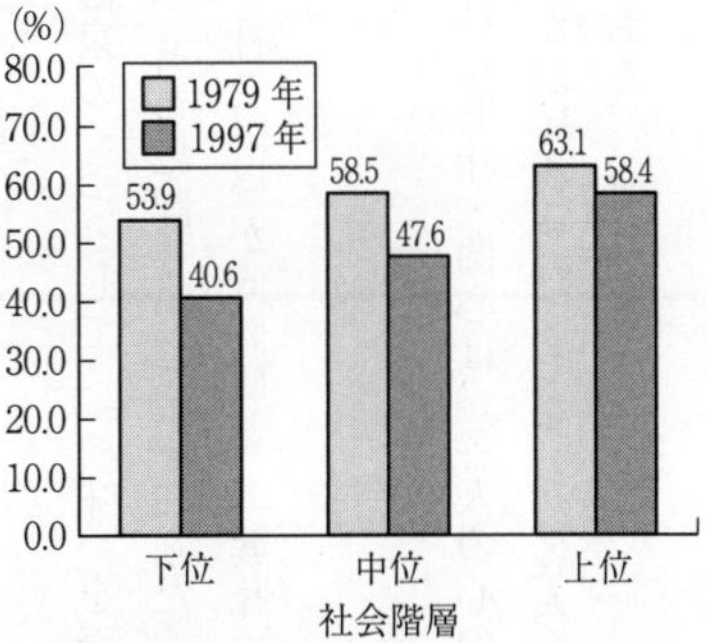

出所：同上

図5‐3b 「授業がきっかけになって，さらに詳しいことを知りたくなることがある」(社会階層別)

と考えており、上位の生徒の約三割を大きく上回る。

さらに、勉強したいという「意欲」の源泉の一つとして、「興味」を表す指標も同様の傾向を示している。「授業がきっかけとなって、さらに詳しいことを知りたくなることがある」とした設問に同意する生徒の割合をみると、社会階層が低いほど、「興味」を感じることが少なく、かつ、低下している（図5−3b）。

（だが、）意欲や、意欲の源泉と想定される興味・関心は、各人の心のなかにだけ存在するのではない。それらは社会的な真空のなかにあるのでもない。各人を取り巻く成育環境やその変化によって影響を受けるものである。（苅谷 2001）

希望格差

「努力」や「意欲」「興味」が社会階層によって異なるということは、いったい何を意味するのか。人によっては、このデータをもって「貧困者は努力が足りない」「意欲がない」のだから、結果として格差が生じてもいたしかたがないと解釈するであろう。しかし、苅谷の意図はそうではないし、筆者も同感である。苅谷が問題とするのは、日本の教育や社会に根付いている「メリトクラシー（業績主義）」の前提が崩れているという点である。

「メリトクラシー（業績主義）」は、メリット（業績）とは本人の「能力」と「努力」から構成され、業績が優れているものが競争社会において勝ち進んでいく、という考えである。「能力があって」「がんばった人」が報われる、という社会のあり方に異論を唱える人はいないであろう。これこそが、「機会の平等」の根幹の理論である。

業績主義の前提には、もちろん「公平な競争」がなければならないのであるが、もう一つの大前提は、「能力」や「努力」が本人の自由意志や無作為の確率だけに左右されることである。言葉を換えれば、「だれでも頭がよく生まれる確率があり」「だれでもがんばれば」それなりの学力を得ることができるという仮定が存在する。そして、「能力」や「努力」が、その子どもがどのような家庭で育ってきたのかという、本人にはどうしようも変え難い「属性」に影響されないという認識である（苅谷 2001）。

しかしながら、苅谷の分析は、「努力」でさえも、社会階層の影響を受けており、すでに、高校生の段階にして、下位の社会階層の子どもたちは「だれでもがんばれば……」から、「がんばってもしかたがない」という思考になっていることを示している。しかも、その格差が拡大しているということは、社会全体の経済格差の拡大と無関係ではない。

なぜ、子どもたちは勉強する意欲を失い、「努力」しなくなったのか。元ケースワーカーで、生活保護受給世帯の子どもたちにボランティアで地道に勉強を教える会を発足した湯浅克人

（元・東京都江戸川区福祉事務所ケースワーカー）はこう語る。

私たちが勉強会を始めた二〇年前、区役所では多くの高校卒業の職員を採用していました。また、高校さえ卒業していれば、正規の社員として会社も採ってくれました。……かつて私たちは、保護世帯の子どもたちに、「何とか高校へ行け。一生懸命勉強して公務員試験を受けろ。オレたちといっしょにケースワーカーをやろう」と話しました。今は言えません。勉強会のスタッフである大学生ですら、公務員試験に合格するのは容易ではないからです。

将来の見通しが立たない時代に、基礎学力をもたない子どもたちがこれだけ増加すると、何とかがんばって高校に行こう、卒業しようという意志も続かなくなってしまうのです。

（湯浅 2007）。

意欲の背後には、「希望」がある。「（私だって）がんばれば……」という希望があるからこそ意欲が沸き、努力するのである。「パラサイト・シングル」「格差社会」などの流行語を生み出した家族社会学者の山田昌弘中央大学教授は「希望格差」という言葉を使って、一九九八年以降、「希望」が二極化してきたと指摘して大きな反響を呼んだ（山田 2004）。山田は「希望」を

「苦労に耐える力」とし、この力が衰退している中で若者が実現不可能な夢をみていることがフリーターやパラサイト・シングルを生み出しているという（同右）。

高度成長期の「希望」は、誰でも持つことが出来た。しかし、現代社会においては、希望は、誰でも簡単に持てるものではなくなっている。希望をもてる人ともてない人、その格差が歴然とひらいているのである。（山田 2004）

3　義務教育再考

子どもの学歴達成の差を、不安定な雇用情勢とリスクが増した社会の中で、子どもたちが「希望」を失い、「意欲」を喪失して、「努力」をしなくなったからだ、という説は非常にパワフルな論説である。しかし、貧困研究の立場からすると、今日の「低学歴」の問題を語るときには、この説明だけでは不充分であるし、さらにいえば、これらの説は、非常に危険な要素を含んでいる。たしかに、フリーターやパラサイト・シングルの人々のなかには、そのような若者も存在するであろう。だが、パラサイト・シングルは、もともと親に「依存」できるという比較的に経済的にゆとりがある世帯の若者であろうし、フリーターの若者の属する世帯の経済状況もさまざまである。しかし、「低学歴」を「意欲」「努力」「希望」の低下によるものと結論づけてしまうと、「教育の未達成には経済的要因がある」という根本的な問題が軽視されてしまう可能性がある。「低学歴」が「貧困」に関連しているとしても、それは、経済的な要因によるものではなく、「貧困文化(=意欲がなく、努力しなく、希望をもたない文化)」がはびこってきているからだ、さらにいえば、これは「意識の問題」なので、政策課題ではない、と解釈されかねない。

だが、第3章で述べたように、日本の社会政策には、「子どもの貧困」に対する施策がほとんど欠落しており、また、教育政策においても、他国に比べると最低レベルの支出に抑えられている。日本の公的教育制度は、公的な負担よりも、私的な負担によるところが大きく、さらに、公立高校や公立大学など比較的に経済的負担が軽い学校に進学したり、奨学金を取れるような学力を身につけるためには、それなりの公教育外の投資(塾など)を必要とする、という二つの経済的ハードルが存在する。子どもの貧困率が一九九〇年代以降上昇しつつあり、経済的な困難を抱える親が多くなってきたいま、このような制度設計による日本の教育システムは、「子どもの貧困」に対処できなくなってきている。貧困の子どもにとって二つの経済的ハードルは、もはや乗り越えられない高さになっており、意識の変容までをも促しているのである。

給食費・保育料の滞納問題

そのひとつは義務教育レベルの公教育における私的負担の問題である。日本国憲法第二六条は「義務教育は、これを無償にする」と規定しているが、日本では小中学校の授業料と教科書だけが無料であり、実際には、相当の額の出費が親に求められている。埼玉県学校事務職員制度研究会「就学援助班」が二〇〇六年に試算したところ、埼玉県の公立小学校では最低でも六年間で四二万円以上の給食費、学級費、教材費などの保護者負担金があるという。そのなかで一番大きな割合を占めるのが給食費で年間四万一八〇〇円、六年間で二五万円近くとなる。中学校では、三年間で約三一万円の負担となる(松山 2007)。

初等教育にかかる費用を給付するのが就学援助費である。第3章にて述べたように、全国の一二・八%の児童がこの援助を受けている(二〇〇四年度文部科学省調べ)。しかし、それでも、給食費など学校が求める費用を払っていない子どもが少なからず存在する。二〇〇七年の文部科学省の発表によると「給食費滞納総額は二二億円、児童数は小中学校で九万九〇〇〇人」である。給食費を滞納している子どもの割合は、沖縄県が六・三%と突出して高く、北海道二・四%、福岡県一・六%と続き、東京都では〇・八%であった(文部科学省二〇〇五年度「小中学校実態調査」)。また、給食費以外でも、修学旅行費や卒業対策費(卒業アルバムなど)、さらには小学校低学年児童を放課後に預かる学童保育の費用を払えないという例が増加しつつあるという(松山、同右)。

公立保育所においても、保育料の滞納が問題となっている。厚生労働省の調査によると、二〇〇六年度の全国の保育所の滞納額の総額は八四億円、滞納している保護者の割合は四・三%に上るという。保育所は、義務教育ではないが、母子世帯や共働き世帯にとって、なくてはならない制度である。とくに、貧困世帯においては、親がどうしても働かなくてはならないという制約があるため、保育所は子どもの健全な発育には不可欠となる。また、保育所を含め就学前教育は、子どもの発達に重要な意味をもつことがわかってきている。しかしながら、保育所の費用は高く、月々五万円というところもめずらしくない(低年齢児の場合)。そのため、ほとんどの自治体は低所得の世帯に対して、保育料の減免制度を設けている。

就学援助費という制度がありながら、給食費の未納があり、減免制度がありながら保育料の滞納があるという事実を、私たちはどう受け止めればよいのであろうか。政府やマスメディアでは、「払えるのに払わない親の無責任」という論調が主流であり、法的措置をとっている自治体もあるという。

しかし、子どもたちに接している現場の職員からは、親の経済問題を指摘する声が多い(小宮 2007、松山 2007、実方 2008)。実方伸子(全国保育団体連絡会)は「滞納している保護者の割合四・三%に比べ、滞納額が保護者負担額の一・七%と低いことから考えると、保育料の低い低所得者層に滞納者が多いことが推察される」(同右)と述べており、滞納の背景には貧困の増大という要因が大きいことを指摘している。また、東京の公立小学校事務職員の小宮幸夫は、保護者に広がる貧困が給食費などの滞納の背景にあり、学校運営に「もっと公費支出を」求めている(同右)。

就学援助費や保育料の減免措置は、前年の世帯所得を基に決定される。しかし、前年に所得があっても現在はリストラされて収入がないなどのケースや、所得はそこそこあっても大きな借金をかかえているなど、個々の世帯の家計の状態は行政からは簡単に推測できない部分が多い。このような問題は、国民年金や国民健康保険の保険料の滞納の増加の背景にも潜んでいる問題であり、一概に「親の自己責任」で片付けられてしまうべき問題ではない。

実方は、保育料を支払うことができないがために子どもを保育所から退所させなければならず、結果として親が就労している間放置されている子どもの具体例を報告している。給食費や修学旅行費を親が払えないがために、学校生活の一部に参加できなかったり、それによってみじめな思いをしたり、いじめや不登校などの問題を誘発する場合もあるであろう。また、就学援助費は小中学校で親に支出が求められる費用のすべてをカバーしていないため、たとえ援助を受けていても部活動や修学旅行などに参加できないことがあるという。

「保育に欠けている乳児または幼児を保育すること」(児童福祉法第三九条)という保育所の目的

や、初等・前期中等教育をすべての子どもに無償で提供するという義務教育の理念が、親の支払い能力によって阻まれているのであれば、これは本末転倒である。

「基礎学力を買う時代」

次に、義務教育の中身について付け加えておきたい。教育基本法は、「義務教育として行われる普通教育は、各個人の有する能力を伸ばしつつ社会において自立的に生きる基礎を培い、また、国家及び社会の形成者として必要とされる基本的な資質を養うことを目的として行われるものとする」(第五条2項)と規定している。「社会において自立的に生きる基礎」とは、労働市場や社会で「自立」できる最低限に必要な基礎学力のことを指すと考えられる。

しかし、貧困世帯に育つ子どものなかには、それさえ身についていない子どもが増加している。前掲の湯浅克人は、生活保護世帯の子どもたちに勉強を教える中で、子どもたちの学力の低さに驚かされるという。湯浅は、勉強会にくる子どもたちのなかでは「中学三年生であるにもかかわらず九九に習熟していない子どもが、ほとんど」であると報告し、「基礎学力を買う時代になっ」たと嘆く(湯浅 2007)。

もちろん、生活保護世帯の子どもたちすべてに基礎学力が欠けているわけではない。しかし、このような子どもたち——俗に言えば「落ちこぼれ」ともいえるかもしれない——の存在は、

「社会において自立的に生きる」力がすべての子どもについていないことを示している。貧困世帯であっても、生活保護世帯の子どもであっても、すべての子どもが身につけるべき最低限の学力レベルがあるはずである。

現場の教師たちや教育関係の方々は、日々、このような子どもたちの教育のために地道に努力をしている。筆者は、ここで、教師や教育関係者を非難する意図はまったくない。ただ、国の教育政策として、「格差社会」の中の最底辺の子どもたちに基礎学力をつけることの重要性を今一度確認するべきであるということを述べたい。

社会の最底辺に生きる子どもたちの学力を向上させることは、子ども全体の平均的学力を向上させることと無関係ではない。前述のOECDのPISA調査の結果をみると、子ども全体の学力が高い国では、学力が一番低い層の子どもたちの学力も高いことがわかる。図5-4abcは、二〇〇六年PISA調査より、それぞれの国において学力が「下位五％」「下位一〇％」……「上位一〇％」「上位五％」の子どもたちの平均得点をみたものである。線の傾斜がきついほど、学力格差がある国ということになる。日本のほかには、子ども全体の学力が高い国の代表として、フィンランドと韓国、子ども全体の学力が低い国としてアメリカ、イギリスを例示している。

筆者が着目したいのは「下位五％」の子どもたちの得点である。まず「読解力」（図5-4a）

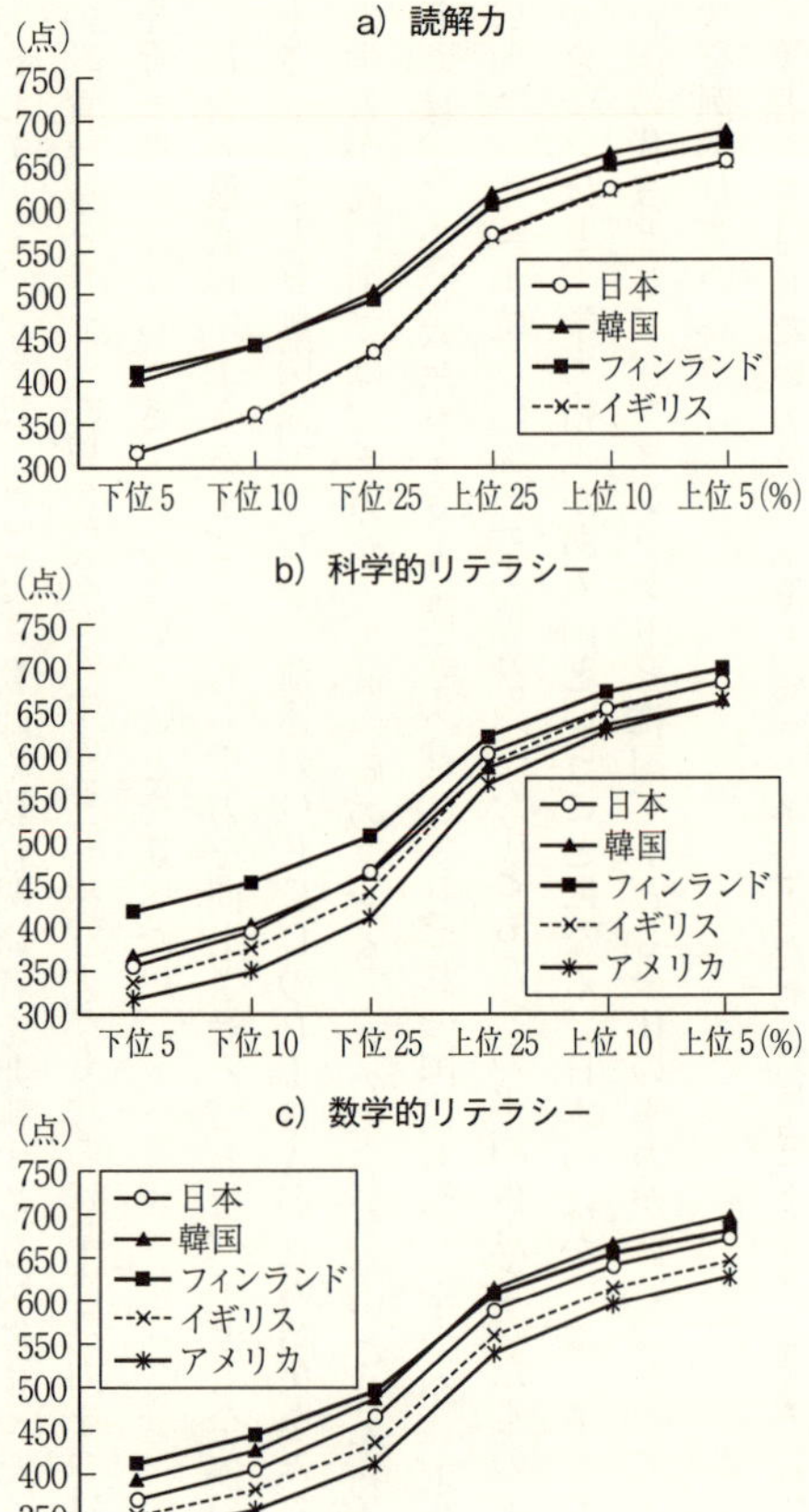

元データ：OECD 2006年 PISA 調査
出所：国立教育政策研究所編(2007)

図5-4　学力ランク別の平均点(2006年)

をみると、読解力のランキング(子ども全体の平均得点)が一位であった韓国、二位であったフィンランドはともに四〇〇点近くであり、それに比べ、日本(一五位)、イギリス(一七位)は三二〇点周辺と、この二グループの間には八〇点近い差がある。逆に、学力の「上位五%」の平均点は、韓国六八八点、フィンランド六七五点、日本六五四点、イギリス六五三点と二〇〜三

○点の差しかない。つまり、韓国・フィンランドと日本・イギリスの二グループの読解力の差は、学力の上部ではなく下部でおこっているのである。

同様の傾向は「科学的リテラシー」(図５-４ｂ)でも確認できる。フィンランド(一位)は、すべての層でほかの国の平均点を上回っているが、とくにその差が大きいのが「下位五%、一○%、二五%」である。フィンランドの「下位五%」の平均得点は四一九点、日本(六位)のそれは三五六点と六三点もの差がひらいている。アメリカ(二九位)の「下位五%」は三一八点と、日本よりさらに三八点低い。「数学的リテラシー」(図５-４ｃ)は、他の科目に比べ、この傾向が薄いが、総合ランキングが「下位五%」のランキングと同じであるという点は変わらない。

学力格差の底辺の子どもたちの学力向上を図ることは、すべての子どもの「学ぶ権利」を保障するとともに、子ども全体の学力を底上げすることになるのである。

教育を受けさせてやれない親

義務教育や義務教育以前でさえも保育料や給食費の滞納が発生するなかで、高校や大学レベルの教育費が貧困世帯にとって大きな負担であることは言うまでもない。それでは実際に、経済的理由で教育を受けることができない子どもはどれくらいいるのであろうか。残念ながら、このようなデータは筆者の知る限り存在しない。これを明確に知るためには、高等教育に進学しない理由が「経済的」なのか、「学力的」なのか、または「希望しない」のか、見極めなければならないからである。

しかし、これに近似する調査を行ったことがある。筆者らは、二〇〇三年に行った調査(「社会生活調査」)にて、一二歳以下の子どもがある三六一世帯に「高校までの教育」「短大・高専・専門専修までの教育」「大学までの教育」について、それぞれ、子どもを「行かせてやることができる」「行かなくてもよい」「(経済的に)行かせられない」または「無回答」の四選択肢の中から選んで回答してもらった。子どもは一二歳以下なので、これは、親が将来のことを見越してどう考えるかの話である。また調査の対象が、子どもではなく、親なので、子と親の希望にギャップがある可能性は否めないが、教育費の支出が可能かどうかを測るという意味では親からの回答のほうが真実に近いと考えられる。さらに、選択肢の三つ目に「経済的に」と明記したことにより、高等教育を受けさせられない理由を経済的なものに絞っている(子どもの学力が足りない、などの理由は入らない)。

結果は以下の通りである。「行かなくてもよい」とするのは、高校で〇・六%、短大・高専・専門専修までで三・九%、大学では五・三%であった(図5-5)。ほぼ、ほとんどの親が高校までは行かせたいと思っている。大学でも、九〇%以上がそうである。親の観点からすれば、「高

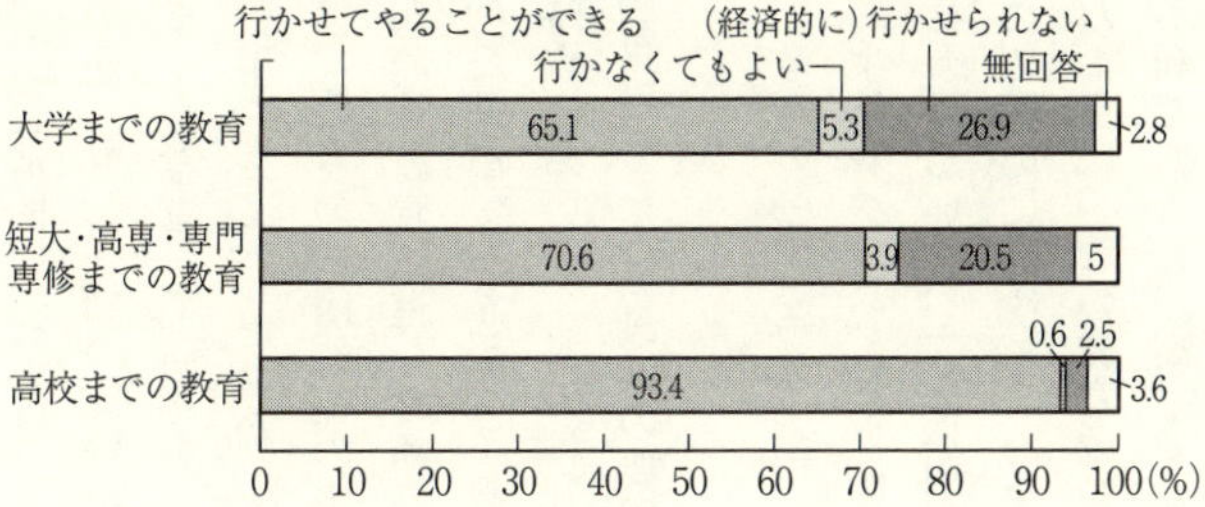

元データ：「社会生活調査」(2003年)
出所：阿部(2008a)

図5-5　子どもの教育をどう考えるか(12歳以下の子どもがある世帯)

校までの教育」はできる限り受けさせてやりたい「最低限の教育ライン」であり、「大学までの教育」もほぼそれに近い。第1章で触れた「モデル論」が示唆するような、親自身が教育に対して価値を見出していないから子どもが低学歴になる、というのは、あくまでもごくわずかの割合の世帯の話であるようだ。

それでは、子どもに高等教育を受けさせたくても、「(経済的に)行かせられない」とする親はどれくらいいるのであろうか。子どもが一二歳以下の時点ですでに経済的な理由で高等教育を受けさせられないと考えている親は「高校」では二・五％、「短大・高専・専門専修」では二〇・五％、「大学」では二六・九％であった。約四分の一の親が、子どもに大学教育を受けさせたいが、経済的に無理であろうと考えているのである。そして、高校においても、若干ではあるが、経済的な理由で行かせられないという親がいる。

「(経済的に)行かせられない」とした親がどれほど奨学金や貸付制度について周知していたのか、もし、知っていたら違う回答をしたか、知っていたとしても奨学金などを得られる確率までも考慮して回答をしたのか、また、学費以外の必要経費(たとえば受験をするための塾の費用)を考慮したのか、などと細かく考えると疑問は残る。しかしながら、この数値の傾向には、筆者の貧困研究の実感からしても、真実味がある。「意欲」や「希望」といった、子どもが高等教育に進むために必要な意識の変化があるという説がある一方で、依然として、「経済的な理由」で希望する教育が受けられない子どもが存在するのである。子どもが一二歳以下の時点において、すでに親がこのように考えていることこそ、子どもが勉強に対する「意欲」や「希望」を失う最大の要因なのかもしれない。

教育の「最低ライン」

生活レベルの「最低限保障されるべきライン」を「貧困線」と呼ぶ。それでは、現代の日本社会において、「最低限保障されるべき教育(または学力)」はどこに設定されるのであろうか。この問いに対する、今までの回答は「義務教育」(小・中学校)であった。だが、すでにみてきたように、この教育政策の大前提は崩れつつある。中卒は、労働市場や社会において圧倒的に不利であるし、高卒でさえワーキング・プアになる可能性が高い。一方で、高卒以上の学歴は、

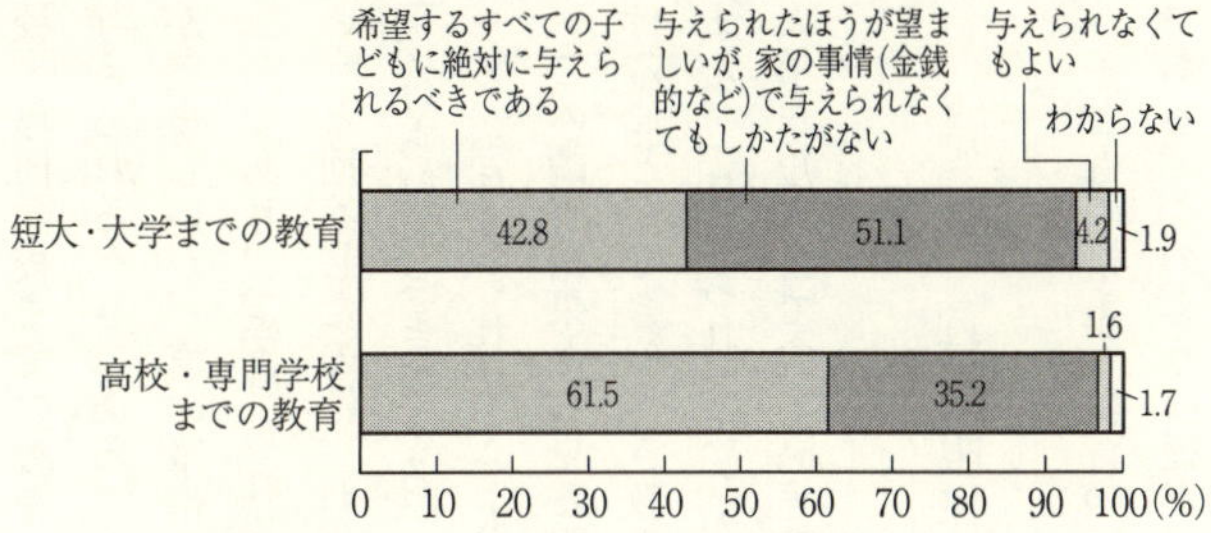

資料：『児童必需品調査』（2008）（対象　20歳以上の成人1800人インターネット調査）
出所：阿部（2008b）

図5-6　すべての子どもに与えられるべき教育とは？（一般市民回答）

多くの子どもにとって経済的制約により実現不可能である。このような構造は、義務教育のレベルにおいてすでに、子どもたちから「意欲」や「希望」を剥奪して行く。

前述したように、日本の親の九割以上は、子どもを大学まで行かせてやりたいと思っている。この親の希望と「最低限保障されるべき教育」としての義務教育（小・中学校）のギャップは大きい。しかしながら、このギャップはいたしかたないと考える人もいるであろう。

それでは、一般市民は、すべての子どもに保障されるべき「最低限の教育」はどこにあると感じているのであろうか。

ここに興味深い調査結果がある。第6章にて詳しく述べるが、筆者は、二〇〇八年に、一般市民を対象とした「児童必需品調査」を行った（二〇〇八年、対象＝二〇歳以上の成人一八〇〇人インターネット調査）（図5-6）。そこで、「現代日本において、（希望する）すべての子どもが、高校・専門学校までの教育を与えられるべきか」を問うと、「希望するすべての子どもに絶対に与えられるべきである」と答えたのは六一・五%と、半数を超えた。一方で、「与えられたほうが望ましいが、家の事情(金銭的など)で与えられなくてもしかたがない」と答えたのは三五・二%であり、「受けられるべき」の約半分の賛成しか得られなかった。「与えられなくてもよい」と回答したのは、わずかに一・六%である。同様に、「短大・大学までの教育」については、「受けられるべきである」が四二・八%と半数を割り、「家の事情……でしかたがない」は五一・一%、「与えられなくてもよい」は四・二%であった。

この調査結果から見る限り、少なくとも、高校(および専門学校)は、子どもが希望すれば受けることができるべき教育レベルではないかという考えが主流になってきているといえよう。また、「与えられたほうが望ましいが……」という消極的な賛同まで含めると、高校専門学校、大学・短大まで含め高等教育の無償化は大多数の人が支持していると考えられる。

4 「最低限保障されるべき教育」の実現のために

子どもの格差と教育の話をする際に、しばしば提言されるのが、高校レベルの教育の無償化である。このような提案は、すでに検討し始められている。すでに見てきたように、一般市民の過半数は高校レベルまでの教育を「すべての子どもが絶対に与えられるべき」と考えており、このような提案は筆者も大いに応援したい。

しかし、ＰＩＳＡ調査や苅谷の分析から明らかなように、中学二年生の段階ですでに学力格差や努力、意欲の差が生じているのであるならば、高校以上のレベルの教育の無償化だけでは貧困と低学歴の関連を断ち切ることはできない。たしかに、高校や大学が無償となることにより、一生懸命勉強をして上の教育レベルに進もうという意欲がわく、という意識レベルの変化は起こるかもしれない。だが、中学二年生の段階の学力格差が、すべて、意識の変化によって解消されると考えるのはいささか楽観的すぎる。

教育が家庭における貧困の「不利」を緩和するメカニズムとなり得るためには、「平等に門を開放する」だけではなく、もっと積極的に貧困緩和政策を教育政策に取り入れなければならない。そのためには、まず、義務教育レベルにおいて、「貧困の不利」ができるだけ表面化しないようにする必要がある。給食費や修学旅行費といった、学校生活に必要な諸経費の無料化、または支援は不可欠であろう。さらには、貧困世帯に集中するさまざまな教育問題により多くの資源を投入する姿勢が望まれる。

これらに追加して本書が提案したいのは、就学前の貧困対策である。このお手本となるのが、アメリカの「ヘッド・スタート(Head Start)」というプログラムである。アメリカは、子どもの貧困率が先進諸国の中でも一番高い国であり、貧困対策に関して言えばあまり「お手本」となる国ではない。しかし、そのアメリカにおいても、いや、子どもの貧困率が高いからこそ、さまざまな貧困対策が模索されており、どのような政策が効果的であるかを評価する長年の経験の蓄積がある。そのなかでも、多くの貧困研究者の評価を受けているのが「ヘッド・スタート」である。

就学前の貧困対策

ヘッド・スタートは、一九六五年より実施されている低所得の就学前児童の教育プログラムである。対象児童の年齢は、三歳と四歳、親の所得が公式貧困線以下の子どもを中心としている。九四年には、「アーリー・ヘッド・スタート(Early Head Start)」として拡充され、三歳未満の児童と妊婦へのサービスが追加された。ヘッド・スタートは、保育制度と誤解されることが多いが、実は教育を中心とする包括的な福祉プログラムである。このプログラムが発足した理由は、多くの低所得の子どもは、義務教育が始まる時点で、すでに「不利」を背負っているという認識があることである。貧困の子どもの発育に就学前から介入し、その「不利」をできるだけ早く緩和しようというのがプログラムのねらいである。

ヘッド・スタートでは、「子どものすべて(whole child)」に着目した包括的なサービスが行われる。その内容は、健全な発育を促す教育プログラムのみならず、医療や歯科のチェックアップとフォロー、栄養サービス、両親向けの育児教育プログラム、そして家庭の育児環境に問題がある場合は各種の社会サービスの紹介など、親を含めた子どもの発育環境の全体を対象とする。障がいのある子どもは優先的に参加し、特殊訓練や各種の福祉サービスを受けることができる。また、プログラムに参加してから発見される障がいも多い。アメリカの障がいの定義は日本より広いものの、二〇〇六年に参加した児童のうち、一三％は障がいをもっているという。このうちの約半数はプログラムに参加した後に障がいが発見されており、ヘッド・スタートは障がいの早期発見と早期教育にも一役買っている。

ヘッド・スタートは古くから行われているプログラムであるので、プログラムに参加した子どもを長期的にフォローしてその効果を分析している研究も多くある。これらの研究が明らかにしたところによると、乳幼児期（〇～五歳）の貧困が、ほかの年齢の子ども期の貧困よりも、一番将来の子どもの成長に影響があるという（Duncan, et al. 1998）。また、ヘッド・スタートのみの影響を測っても、ヘッド・スタートに参加した子どもは参加していない子どもに比べて、知能（ＩＱ）、学力、高校卒業率、大学進学率、二〇歳時点での勤労収入などが高く、また、犯罪を犯す確率などネガティブな項目についても低下している（Graces et al. 2002）。

日本型ヘッド・スタートの模索

日本において、ヘッド・スタートのようなプログラムを行うことには賛否両論があろう。賛成論は、児童手当などの所得保障を拡充しても、その効果は間接的であるのに対し、ヘッド・スタートのようなプログラムは、その恩恵が直接子どもに届くという評価に基づくものである。アメリカにおいても、所得保障よりも、ヘッド・スタートのような子ども向けのサービスのほうが子どもの成長に対する効果が高いという分析がなされており(Haaga & Moffitt 1998)、その点、ヘッド・スタートは魅力的である。反対論は、プログラムの対象を貧困層に絞ることで、参加児童に対する差別や偏見(スティグマ)が発生する可能性を指摘する。

日本において、すでに、ヘッド・スタートと似たような効果をもっている施策がある。それが、保育所と幼稚園である。とくに保育所は「日本型ヘッド・スタート」の「場」とするのに適している。第一に、保育所の多くは〇歳から子どもをみており、公的な介入度も高いため、幼稚園よりも福祉的な性格をもつ。第二に、保育所は、貧困率が極端に高い母子世帯や、共働きをしなければ生活を保てない低所得世帯の子どもたちの多くが利用している。第三に、その一方で比較的に高所得の共働き世帯の子どもたちも利用しているので、偏見が発生する心配もない。第四に、保育所には、児童発達の専門知識をもつ保育士や栄養士、看護師など人的資源がすでにそろっている。そのため、保育所は、貧困の子どもの成長に早くから介入する格好の制度なのである。実際に、保育所の職員の方々は、日々、家庭の養育環境や生活に支援を必要とする子どもたちに接しており、限られた資源の中で努力をしている。前掲の実方伸子の言葉を借りると、保育所は、子どもたちの最初の「貧困の防波堤」(実方2007)なのである。

しかし、政策議論のなかで、子どもの貧困対策として保育所制度が語られることは少ない。保育所の拡充は、「親(とくに母親)の就労を支援する」という「少子化政策」の文脈で語られ、待機児童の解消や延長保育の充実などが政策課題として挙げられているものの、保育所の「貧困の防波堤」としての機能を強化しようという声は聞かれない。それどころか、保育料の滞納問題が発生すれば、それは「親のモラルの問題」であると片付けられ、その背景にある「子どもの貧困」に焦点が当てられることはほとんどない。さらに既述のように、二〇〇四年の三位一体改革では、公立保育所に対する国からの補助金が一般財源化され、地方自治体は自らの財源で公立保育所を運営しなければならなくなった。その結果、多くの自治体が公立保育所を「民営化」する方針に切り替えた。保育所の「日本型ヘッド・スタート」的な機能を認識するのであれば、「保育サービス」をサービス業務として理解するのでなく、公的に行う福祉行政の一環として認識し直すべきである。

保育所、公立小・中学校において貧困対策が行われてこそ、高等教育の無償化の効果が充分に発揮されるのである。

第6章　子どもにとっての「必需品」を考える

1　すべての子どもに与えられるべきもの

「相対的剝奪」による生活水準の測定

すべての子どもが享受すべき最低限に必要なものとは何であろうか。実は、それが貧困基準そのものなのであるが、ここまでは、世帯所得が社会全体の中央値の五〇％といった抽象的な貧困基準を用いて議論をすすめてきた。ここでは、一歩戻って、社会がすべての子どもに保障すべき最低限の生活は何かという点について、「相対的剝奪」（デプリベーション）とよばれる手法を用いて描写していきたい。「相対的剝奪」は、イギリスの長い貧困研究の中で育まれてきた手法であるので、その説明のために、少々、学術的な回顧を許して頂きたい。

イギリスの著名な貧困研究学者のピーター・タウンゼンド（一九二八年〜）は、人間の最低生活には、ただ単に生物的に生存するだけではなく、社会の一構成員として人と交流したり、人生を楽しんだりすることも含まれると論じた。彼はそれができない状態を「相対的剝奪」（relative deprivation）と名付け、「人々が社会で通常手にいれることができる栄養、衣服、住宅、住居設備、就労、環境面や地理的な条件についての物的な標準にこと欠いていたり、一般に経験されている享受されている雇用、職業、教育、レクリエーション、家族での活動、社会活動や社会関係に参加できない、ないしはアクセスできない」状態と定義する（Townsend 1993、訳は芝田 1997）。

そして、タウンゼンドは、「週に一回は肉または魚を食べることができる」など基本的衣食住を表す項目から、「年に一回は旅行に行くことができる」「友人を家に招待する」など社会的な項目まで、六〇の項目をピックアップし、それらの充足度を測ることによって「剝奪状態」にある人の割合を推計した。これが、イギリスにおける六〇～七〇年代の「貧困の再発見」である。タウンゼンドはまた、人々の困窮の度合いを測る「ものさし」として社会のほかの人の生活レベルを用いるという相対的概念を、それまで絶対的なものとして捉えられていた貧困概念に持ち込んだ。これが、「相対的貧困」の始まりである。人が尊厳をもって生きるためには、その社会に相応の生活レベルが必要であり、それが満たされない状態を「貧困」として再発見したのである。

タウンゼンドの研究は、衝撃をもって受け止められ、その後、同様の研究がヨーロッパ各地で行われた。イギリス以外の国においても「貧困の再発見」がなされたのである。そしてこれらの一連の研究は、政治をも動かし、ヨーロッパにおける福祉国家のさらなる発展を促していくこととなる。

「相対的剝奪」が第2章で行ったような所得(時には消費)という一次元の指標を用いて測る貧困に比べて優れている点は二つある。

一つは、相対的剝奪は、所得や消費から推測される「おおよその生活水準」を測るのではなく、直接生活の質を測る手法である点である。生活水準は、現在の所得以外の要因(たとえば、貯蓄や持ち家)にも影響されるが、相対的剝奪指標は、これらを勘案して、実際に人々が享受している生活水準そのものを測る方法である。

二つ目は、相対的剝奪は、社会で期待される生活行動を具体的にリストアップし、その有無を指標化するものであるため、人々の直感に訴える概念である。所得による貧困基準が、いくら〇〇万円といわれてもピンとこない、という人であっても、「靴を買うことができない」というような具体例を挙げれば、貧困の定義に納得するであろう。

このように、タウンゼンドの相対的剝奪概念は、貧困研究の中でも画期的なものであったが、大きな批判もあった。その一つが、「剝奪状態」であるかどうかを測る六〇項目が研究者によって恣意的に選ばれたものであり、確たる根拠がないというものであった。たとえ、研究者が「一日三回の食事」や「友人を家に招待できること」を最低限に保障されるべき生活の一部と位置づけても、それが本当に必要であるかどうかは、どのような社会に生きているかによっても影響されるであろうし、個人それぞれの考えによっても異なるであろう。この問題を解決するために開発されたのが「合意基準アプローチ」である(Mack & Lansley 1985)。「合意基準アプローチ」は、「最低限必要なもの」を研究者ではなく、社会全体に選んでもらう手法である。具体的には、無作為に抽出された一般市民に、あらかじめ多めに選んだ項目リストのひとつひとつについて、それが最低限の生活に必要かどうかを問い、回答者の五〇％以上が「絶対に必要である」と答えた項目だけを社会的に認知された必需品とする(これを「社会的必需品」という)。ここで重要であるのは、「あなたには○○が必要ですか」と問うのではなく、「この社会で、ふつうの人がふつうに暮らすのに○○は必要ですか」と聞くことである。たとえば、足の不自由な人が「私には自動車が必要だ」と思っていても、それは、その人が、日本に住むすべての人に自動車が必要と思っていることとは違うからである。

ここまで読むと、するどい読者の方は「なんだ、ただ多数決をとっているだけじゃないか」と思われるかもしれない。しかし、「合意基準アプローチ」が社会科学的にも頑強な手法であるのは、これに統計的手法を用いて、異なるグループ間でも「何が必需品であるか」について一定の合意があるかどうか検定を行うところである。なぜなら、「何が必需品であるか」の答えは、個々人の趣味やニーズによって異なる。たとえば、二〇代の若者は携帯電話が必需品であると思うかもしれないが、三〇歳以上の世代はそう思わないかもしれない。もし、すべての二〇代が携帯電話が「必需品である」と答え、すべての三〇歳以上が「必需品でない」と答えた場合、携帯電話が五〇%以上のサポートを得られるかどうかは、ただ単に人口における若者の比率を表しているに過ぎない。そこで、統計的手法を使って、二つのグループの回答傾向に違いがあるかどうかを検定する。これを、高所得者と低所得者、女性と男性、地方に住む人と都会に住む人、という風に、さまざまなグループ分けで検証して、大きな差がないと判断された時に初めて、選ばれた項目が「社会的に合意された必需品」ということができるのである。

子どもの必需品に対する社会的支持の弱さ

筆者は、二〇〇三年と二〇〇八年に「合意基準アプローチ」を用いて、一般市民が日本の社会において何を必需品と考えるかの調査を行った。〇八年調査では、特に子どもに特化して「現在の日本の社会においてすべての子どもに与えられるべきものにはどのようなものがあると思いますか」を、二〇代から八〇代までの一般市民一八〇〇人に問うた。調査は、インターネットを通じて行われており、一般人口に比べて若い層が多い、所得が若干高い、などのサンプルの偏りはあるものの、回答傾向に大きなひずみはないと判断される。

調査では、「一二歳の子どもが普通の生活をするために、〇〇は必要だと思いますか」と問いかけ、回答には三つの選択肢を用意し、「希望するすべての子どもに絶対に与えられるべきである」「与えられたほうが望ましいが、家の事情(金銭的など)で与えられなくてもしかたがない」「与えられなくてもよい」「わからない」の一つを選ぶようにした。調査項目は、「朝ご飯」「少なくとも一足のお古でない靴」「(希望すれば)高校・専門学校までの教育」など、子どもに関する項目の二六項目にわたる。その結果を表6-1に示す。

驚いたことに、二六項目のうち、子どもの必需品に関する人々の支持は筆者が想定したよりもはるかに低かった。一般市民の過半数が「希望するすべての子どもに絶対に与えられるべきである」と支持するのは、「朝ご飯(九一・八%)」「医者に行く(健診も含む)(八六・八%)」「歯医者に行く(歯科検診も含む)(八六・一%)」「遠足や修学旅行などの学校行事への参加(八一・一%)」「学校での給食(七五・三%)」「手作りの夕食(七二・八%)」「(希望すれば)高校・専門学校までの教育(六一・五%)」「絵本や子ども用の本(五一・二%)」の八項目だけであった。「おもちゃ」や「誕生日のお祝い」など、情操的な項目や、「お古でない洋服」など、子ども自身の生活の質を高めるものについては、ほとんどの人が「与えられたほうが望ましいが、家の事情(金銭的など)で与えられなくてもしかたがない」か「与えられなくてもよい」と考えているのである。

文化の違いがあるものの、近似した項目について、他の先進諸国の調査と比べると、日本の一般市民の子どもの必需品への支持率は大幅に低い。たとえば、「おもちゃ(人形、ぬいぐるみなど)」は、イギリスの調査(一九九九年)では八四%の一般市民が必要であると答えているが、日本では、「周囲のほとんどの子が持つ」というフレーズがついていながらも、「スポーツ用品（サッカーボール、グローブなど）やおもちゃ（人形、ブロック、パズルなど）」が必要であると答えたのは、一二・四％しかいない。同じく「自転車（お古も含む）」は、イギリスでは五五％、日本では二〇・九％であった（小学生以上）。「新しく、足にあった靴」は、イギリスでは九四％とほとんどの市民が必要であるとしているが、日本では「少なくとも一足のお古でない靴」は

必需品　　　　　　　　　　　　　　（%）

与えられたほうが望ましいが，家の事情(金銭的など)で与えられなくてもしかたがない	与えられなくてもよい	わからない
6.8	0.3	1.1
11.2	0.6	1.4
11.9	0.6	1.4
16.8	0.7	1.3
16.6	4.7	3.4
25.3	0.8	1.2
35.2	1.6	1.7
43.8	2.9	2.1
43.8	5.9	2.4
51.1	4.2	1.9
48.7	7.1	2.2
51.2	6.4	2.2
52.4	9.7	2.1
53.6	8.3	2.6
55.8	8.7	1.9
56.3	9.9	3.1
56.3	10.5	2.6
52.7	18.5	2.3
61.5	12.9	2.5
57.0	19.3	2.2
60.4	15.7	3.0
58.6	17.7	3.0
64.9	16.1	2.0
54.6	27.4	4.3
53.3	30.6	2.6
65.9	18.7	2.9

表6-1　子どもに関する社会的

	希望するすべての子どもに絶対に与えられるべきである
朝ご飯	91.8
医者に行く(健診も含む)	86.8
歯医者に行く(歯科検診も含む)	86.1
遠足や修学旅行などの学校行事への参加	81.1
学校での給食	75.3
手作りの夕食	72.8
(希望すれば)高校・専門学校までの教育	61.5
絵本や子ども用の本	51.2
子どもの学校行事や授業参観に親が参加	47.8
(希望すれば)短大・大学までの教育	42.8
お古でない文房具(鉛筆，下敷き，ノートなど)	42.0
少なくとも一足のお古でない靴	40.2
誕生日のお祝い(特別の夕食,パーティ,プレゼントなど)	35.8
1年に1回くらい遊園地や動物園に行く	35.6
少なくとも一組の新しい洋服(お古でない)	33.7
友だちを家に呼ぶこと(小学生以上)	30.6
適当なお年玉	30.6
クリスマスのプレゼント	26.5
適当なおこづかい(小学生以上)	23.1
子ども用の勉強机	21.4
自転車(小学生以上)	20.9
数年に1回は一泊以上の家族旅行に行く(海・山など)	20.7
子ども部屋(中学生以上,兄弟姉妹と同室も含む)	17.0
親が必要と思った場合，塾に行く(中学生以上)	13.7
少なくとも一つくらいのお稽古ごとに通う	13.4
周囲のほとんどの子が持つスポーツ用品(サッカーボール，グローブなど)やおもちゃ(人形，ブロック，パズルなど)	12.4

注：網かけされているのが，50% 以上の支持を得られた項目
元データ：「児童必需品調査」(2008 年)(対象＝20 歳以上の成人 1800 人)
出所：阿部(2008b)

四〇・二%である。「お古でない洋服」は、イギリスでは七〇%、日本では「少なくとも一組の新しい洋服(お古でない)」は三三・七%であった。一時は教育熱心であると言われた日本人のことだから、教育関連については支持率が高いのだろうと期待したが、それもイギリスに劣っている。「自分の本」はイギリスでは八九%であるが、日本(「絵本や子ども用の本」)では五一・二%である。

これは、イギリスだけが特に子どもの生活について意識が高いということではない。同様の調査をしたオーストラリアとの比較においても、日本は低い傾向が見られる。驚いたことに、日本では「国民皆保険」が達成され、すべての子どもが歯科治療や健診を受けられるはずであるが、「歯医者に行くこと(健診を含む)」への支持は八六・一%である。対して、オーストラリアでは九四・七%の人が「すべての子どもが歯科検診を受けられるべき」と考えている。オーストラリアでは、公的医療保険では、歯科健診はカバーされないのにもかかわらず、である。

日本ではなぜ子どもの必需品への支持が低いのか

この結果をみた時、筆者は驚くとともに「ああ、やっぱり」と逆に納得してしまった。日本の一般市民は、子どもが最低限にこれだけは享受するべきであるという生活の期待値が低いのである。このような考えが大多数を占める国で、子どもに対する社会支出が先進諸国の中で最低レベルであるのは、当然と言えば当然のことである。ほかの先進諸国では、すべての子どもに必要であると思われている項目さえも、日本では「与えられなくても、しかたがない」という認識なのである。

ここに、参考のために、イギリスの人々がどのような項目を支持しているのかを示しておこう（表６－２）。「暖かいコート」や「子ども部屋（一〇歳以上）」など、気候や住宅事情の違いによって、イギリスでは必需品であっても、日本では必ずしもそうといえない項目も見受けられるが、「靴」や「洋服」「おもちゃ」など、子どもの生活満足度を上げるもの、「水泳」や「趣味やレジャー活動」など直接は教育に結びつかないものの子どもの生活を充実させる項目も高い支持を受けている。イギリスの子どもは、幸せである。

この違いはいったいどこから出てくるのであろうか。筆者は、この違いを説明するいくつかの仮説をたててみた。一つ目の仮説は、日本人の多く、特に年配の方々は、自分自身が戦中・戦後の食べ物も事欠く時代を生き抜いてきた経験をもつため、現在の子どもの相対的な困窮に対して共感できないのではないだろうか、というものである。「私たちが子どもの頃は、かぼちゃの蔓を食べて育った」というような話は筆者自身も親から聞かされて育っている。戦中や高度成長期に育った人から見れば、今の子どもは「贅沢だ」と思われるかもしれない。「私だって、そんなものもっていなかったが、がんばって、立派に成長した」という自負もあろう。

表6-2　イギリスにおける子どもの必需品の支持率(1999)(%)

項　目	「必要である」とする割合(親)
暖かいコート	95%
新鮮なフルーツまたは野菜	94
新しく，足にあった靴	94
特別な日のお祝い	93
自分用のベッドと毛布	93
1日3回の食事	91
趣味やレジャー活動	90
自分の本	89
学校の制服	88
集団活動(プレイ・グループ)(1週間に1回)(未就学児)	88
おもちゃ(人形，ぬいぐるみなど)	84
少なくとも7枚のパンツ	83
教育用のゲーム	83
水泳(1か月に1回)	78
子ども部屋(10歳以上)	78
肉，魚，または菜食主義者用の代替品(1日2回)	77
学校の遠足(1学期に1回)	74
セーター，カーディガンなど4着	73
1週間以上の旅行(1年に1回)	71
お古でない洋服	70
少なくとも4本のズボン	69
遊ぶことのできる庭	69
寝室のカーペット	67
おもちゃ(ブロックなど)	62
レジャー用の道具	60
友だちを家によぶ(2週間に1回)	59
自転車(お古も含む)	55
少なくとも1週間50ペンスのおやつ代(おこづかい)	49
勉強のためのコンピュータ	42
コンピュータ・ゲーム	18

元データ：“Omnibus Survey”，1999年(対象＝世帯主1855人)
出所：Gordon et al., *Poverty and Social Exclusion in Britain*,(2000)

このように、自身の貧困の経験が生々しく記憶されていることが子どもの必需品に対する支持率に影響しているのであれば、この支持率は高齢者ほど低いはずである。しかし、子どもの必需品に対する支持率は、二〇代の若い世代も、七〇歳以上の高齢の世代もたいしてかわらなかった。つまり、この仮説にはあまり説得力はないのである。

二つ目の仮説は、子育てをめぐる環境が大きくかわり、実際に現在進行形で子どもを育てている人でない限り、現在の子育てに必要なものが何かよくわかっていないのではないだろうか、というものである。塾などが、この典型的な例であろう。しかし、現在子育て中の人も、そうでない人も、支持率はそれほどかわらなかった。この仮説も却下せざるを得ない。

筆者は、日本の人々がイギリスの人々に比べて子どもを大事にしていないわけはないと思う。しかし、このような結果が出るのは、日本人の心理の根底に、数々の「神話」があるからではないだろうか。「総中流神話」「機会の平等神話」、そして「貧しくても幸せな家庭神話」。「総中流神話」は、たとえ子どもの現在の生活が多少充足されていなくても、他の子どもたちも似たり寄ったりであろうという錯覚を起こさせる。「機会の平等神話」は、どんな家庭状況の子でも、がんばってちゃんと勉強していれば、たとえ、公立の学校だけでも、将来的な教育の達成度や職業的な成功を得る機会は同じように与えられていると信じさせる。「貧しくても幸せな家庭神話」は、物的に恵まれなくても子どもは幸せに育つと説得する。

もちろん、そうであるべきであるし、そうであると信じたい。しかし、第1章でみてきたように、実際には、子ども期の生活の充足と、学力、健康、成長、生活の質、そして将来のさまざまな達成(学歴、就労、所得、結婚など)には密接な関係がある。その関係について、日本人の多くは、鈍感なのではないだろうか。これが、「子どもの貧困」が長い間社会的問題とされず、国の対応も迫られてこなかった理由なのではないだろうか。

2　子どもの剝奪状態

剝奪状態にある子どもの割合

イギリスの貧困研究学者、タウンゼンドが、社会における必需品がもてない状況を「剝奪」(deprivation)と名づけたことは先に述べた。「剝奪」とは、社会学者がつけた難しい訳語であり、意味がよくわからないという読者の方もおられるかと思うので、簡単に説明を追加すると、英語の deprivation には「何かを奪われること」という意味があり、ただ単純にそれが欠如しているというだけではなく、欠如を強いられたというニュアンスが含まれる。本書においても、この「剝奪」という言葉を用いるが、その意味は「強制された欠如」と理解していただきたい。何に強いられるのかというと、それは、社会であり、制度であり、他者である。

それでは次に、子どもの剝奪状態、つまり、どれくらいの割合で、どのような世帯の子どもが社会的必需項目の欠如を強いられているのかを見ていこう。

表6-3は、子どもの必需品の有無について、一二歳以下の子どものいる世帯（三六一世帯）に限って記述したものである。データは、筆者らが行った「社会生活調査」（二〇〇三年、対象は全国の住民基本台帳より無作為抽出した二〇〇〇人、有効回答数一五二〇人）である。この調査は、その直前に予備調査として、先に紹介したような「社会的必需品」調査を行っている（対象は全国の住民基本台帳により無作為抽出した二〇〇〇人、有効回答数一三五〇人）。その結果、五〇％以上の支持を得られたのは、三項目（「本・絵本」「子どもの学校行事への親の参加」「高校までの教育」）のみであった。三項目ではあまりにも項目数が少なく、剝奪の分析ができないので、やむなく、その他に残りの一二項目を追加した。そのため、厳密にはこのリストは「社会的に合意された必需品」であるわけではない。しかしながら、研究者らによってかなり入念に設計された項目なので、その充足度を測ることによって、どのような子どもが剝奪状態にあるのかわかると考えていただきたい。

同調査では、家庭の方針や考え方によって、このリストの項目を「子どもに与えるべきではない」と思っている場合を除くため、回答の選択肢に「持っている」「持っていない（欲しくな

子どもに関する剥奪項目 (%)

12歳以下の子どもがある世帯				剥奪率	
持っている(受けさせる)	持っていない(欲しくない/受けさせたくない)	持っていない(経済的に持てない/受けさせられない)	無回答	12歳以下の子どもがある世帯	うち，小学生がある世帯のみ
84.5	10	5.5	0	6	3
62.0	13.0	24.4	0	28	18
30.2	52.9	16.1	0.8	35	26
87.3	8.3	4.4	0	5	3
97.8	0.8	1.4	0	1	1
30.2	52.6	14.7	2.5	33	26
87.5	4.7	7.5	0.3	8	8
53.2	24.7	19.9	2.2	27	20
26.9	49.6	20.8	2.8	44	35
94.7	1.7	3.3	0.3	3	3
90.9	5.0	3.6	0.6	4	3
86.7	9.1	2.5	1.7	3	2
93.4	0.6	2.5	3.6	3	2
70.6	3.9	20.5	5.0	23	23
65.1	5.3	26.9	2.8	29	31

－無回答数)
「必要である」とされた社会的必需項目
そのほかは，「社会生活調査」(2003年)

表6-3

	必要であるとした人の割合*1
スポーツ用品・ゲーム機などの玩具	26
子ども部屋	33
ヘッドホンステレオ等	15
自転車・三輪車	45
本・絵本	67
毎月のお小遣い	46
毎年，新しい服・靴	28
お稽古ごと	22
塾	17
お誕生日のお祝い	46
クリスマスのプレゼント	33
子どもの学校行事への親の参加	57
高校までの教育	72
短大・高専・専門学校までの教育	
大学までの教育	34*2

剥奪率＝(経済的に持てない数)／(総数－欲しくない数
網かけの項目は，予備調査にて50％以上の回答者に
元データ：＊1)「福祉に関する国民意識調査」(2003年)，
　　　　　＊2) 短大・大学までの教育
出所：阿部(2008a)

い)」と「持っていない(経済的に持てない)」の三つを用意した。その項目をたとえ持っていなくても、その欠如の理由が「欲しくない」のであれば、それは剥奪とみなされない。こうすることによって、「デプリベーション＝強制された欠如」の「強制」を確保できる。ただし、この調査には、子ども自身ではなく、親が答えているので、「親が子どもに与えたいが、経済

的な理由で与えることができない」状態を「剝奪」としていることとなる。

社会的必需品として過半数の人に選ばれた三項目については、おおむねすべての子どもが「持っている（あるいは受けさせる）」としており、その剝奪率は数％と低いが、これらの項目でも「経済的に持てない（あるいは受けさせられない）」という状況の子どもが少なからず存在することも事実である。高校まで行かせてやりたくても、経済的にできないと考える親は二・五％、子どもの学校行事に参加できない親も二・五％、本・絵本を買ってやりたくても買うことができない親は一・四％である。日本全体から見れば、無視できない数の子どもがこのような状態にあることになる。特に、「高校までの教育」は、一般市民の支持率も一番高く、実際に、高校に行かせることができると考えている親は九三・四％になる。にもかかわらず、二・五％、つまり四〇人に一人の子どもが、それが叶わないということになる。

それ以外の項目では、剝奪されている率は、三％（お誕生日のお祝い）から四四％（塾）まで大きく差がある。「お誕生日のお祝い」や「クリスマスのプレゼント」については、予備調査で社会的必需品には選ばれていないものの（支持率は四六％、三三％）、実質的にはほぼすべての子どもが享受しており（九四・七％、九〇・九％）、これらが欠けていることは、当事者である子どもの目から見れば大きな剝奪と感じられるのではないか。多くの子どもにとって、一番楽しみなのが、誕生日やクリスマスであろう。特に、クリスマスは同時期に訪れるイベントなので、学校においても「何をしてもらった」という話に花が咲くであろう。その時、何もしてもらえなかった子どもはどのような思いをするのであろうか。

子どもの生活にかかわる項目のうち、高い剥奪率を示しているのが「ヘッドホンステレオ等（三五%）」と「毎月のお小遣い（三三%）」である。しかし、この二項目の特徴は、「持っている」とする割合が比較的に低く、逆に「欲しくない」とする割合が高いことである（ここでいう「欲しくない」は、子どもからみた「欲しくない」ではなく、親からみた「欲しくない」である点を留意）。つまり、全体からみた、実際に「経済的に持てない」人の割合は小さいものの、それを欲する人も比較的に少ないため剥奪率が高くなるのである。

対して、「子ども部屋」「塾」「お稽古事」「短大・高専・専門学校までの教育」「大学までの教育」などは、それを欲する人の割合が高いにもかかわらず、「経済的に持てない」人の割合が高い。「大学」は二九%、「短大・高専・専門学校」は二三%の小学生の親が将来子どもを行かせてやることができないと考えている。「塾」と「お稽古事」は、それぞれ四四%と二七%と、非常に高い数値となっている。「塾」も「お稽古事」も、必需品としての社会的支持は低いものの、親からみたニーズは非常に高い。自分の子どもは「塾」や「お稽古事」に通わせてやりたい、という親の切実な希望の中、それができない親が多くいるということである。これらは、政府が提供する義務教育以外の部分の教育であり、現代の社会において、義務教育だけでは充分ではないと考える親が多い一方で、経済的な理由でそれを子どもに与えられない親が多いことを示唆している。

最後に、サンプルを小学生がいる世帯のみに絞った結果が右列に示してある。項目の中には、乳幼児には馴染まないもの(塾、毎月のお小遣いなど)も含まれることから、サンプルを限定することにより、より精度が高い結果が出ることが期待されたからである。二つの列を比べると、その傾向にはほとんど変化がないが、剝奪率の高い項目については、若干低目の結果となっている。しかし、世帯タイプ別や所得階級別など、子どものいる世帯をさらに分割して議論する際には、分割したグループごとの子どもの年齢構成が異なることによって発生する差と、グループの属性による差が区別できないので、より精巧な分析とするために、次節からは小学生を持つ世帯(n＝223)のみを分析対象とする。

子どもの剝奪と世帯タイプ

それでは、どのような世帯に属する子どもの「剝奪指標」(いくつの項目が欠如しているか)が高いのであろうか。まず、世帯タイプ別に平均の剝奪指標をみてみよう(図6-1)。ここでは、子どもが属する世帯を、ふたり親世帯(両親と子のみの世帯)、三世代世帯(「祖父母-両親-子」世帯など)、母子世帯の三区分に分類して、それぞれの平均剝奪指標を示している。母子世帯には、母親の親(子どもから見ると祖父母)などと同居している母子世帯と、母と子のみで構成される母子世帯の両方のタイプが含まれる。なお父子世帯も標本に含まれるが数が少ないため省略する。

これでみると、一番、子どもの剝奪の度合いが低いのが三世代世帯であり、祖父母と同居する子どもは、比較的に生活にゆとりがあることがわかる。二番目に低いのが、ふたり親世帯である。母子世帯は、標本数が少ないため(一三)、確定したことは言えないが、三世代世帯、ふたり親世帯に比べて、剝奪の度合いが大きいことがわかる。第2、4章にて、所得でみる貧困

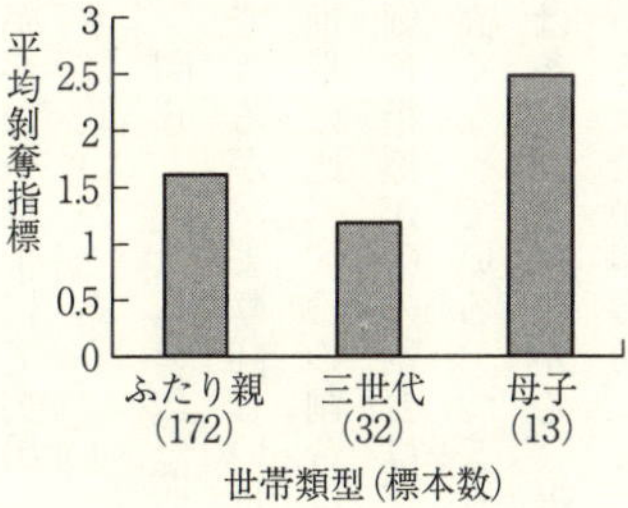

出所：表6-3と同じ

図6-1　子どもの剝奪指標：世帯類型別平均値

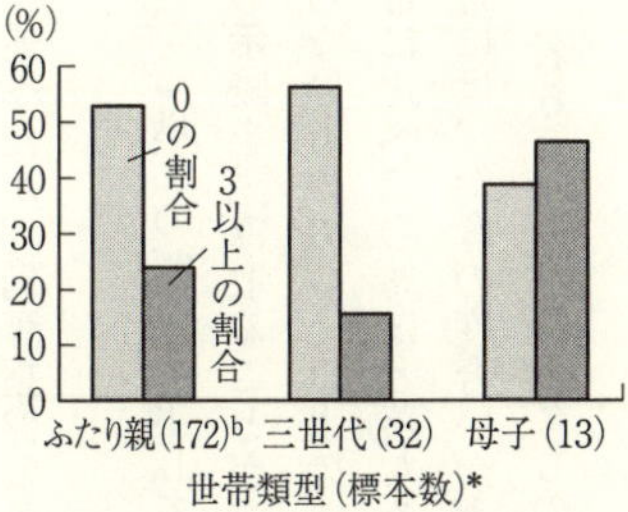

＊bをベースとして p<0.1
出所：表6-3と同じ

図6-2　子どもの剝奪指標：世帯類型別　0の割合，3以上の割合

率が母子世帯にて突出していることを述べたが、剝奪指標でみても、やはり母子世帯の生活水準は低いのである。

図6-2は、剝奪指標が〇の割合と、三以上の割合を示しており、同様の傾向を見ることができるが、より詳しい世帯タイプ別の示唆を読み取ることができる。三世代世帯は、ふたり親世帯に比べ、〇の割合はさほどかわらないものの、三以上の割合が低い。母子世帯においては、剝奪指標が〇の割合は、ふたり親世帯に比べ二〇％ほど落ちるが、三以上の割合は三〇％以上高くなっている。つまり、三世代世帯には、剝奪の度合いが大きい世帯が少なく、母子世帯では多いことがわかる。母子世帯では、表6-3でみた子どもの必需品のうち、三つ以上欠けている世帯が四〇％にも上るのである。

親の年齢と剝奪指標

次に、親の年齢と剝奪指標の関係をみてみよう(図6-3、図6-4)。ここで「親」とは、世帯の家計の主な稼ぎ主という観点から、ふたり親の場合は父親、母子世帯の場合のみ母親と定義する。第2章の分析において、子どもの貧困率(低所得)と親の年齢の関係が、U字型を示していることを示した(図2-6、六五頁)。このU字型の構造は、子どもの剝奪指標でも確認される。子どもの剝奪指標の平均は、親の年齢が三〇代後半から四〇代後半である場合がもっとも低く、親が二〇代、五〇代は高くなっている。

子どもの剥奪と世帯所得の関係

次に、子どもの剥奪と世帯所得の関係について考察してみよう。

イギリスの貧困研究学者のタウンゼンドが行った剥奪の研究で、最も衝撃的だったのは、「充分な食事がとれない」や「友人を家に招待することができない」といった項目から作られ

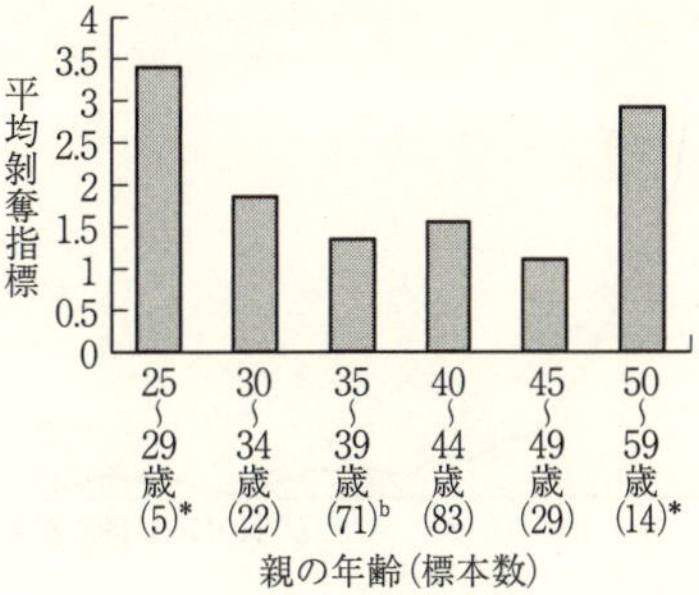

* b をベースとして p<0.1
出所：表 6-3 と同じ

図 6-3　子どもの剥奪指標：親の年齢別平均値

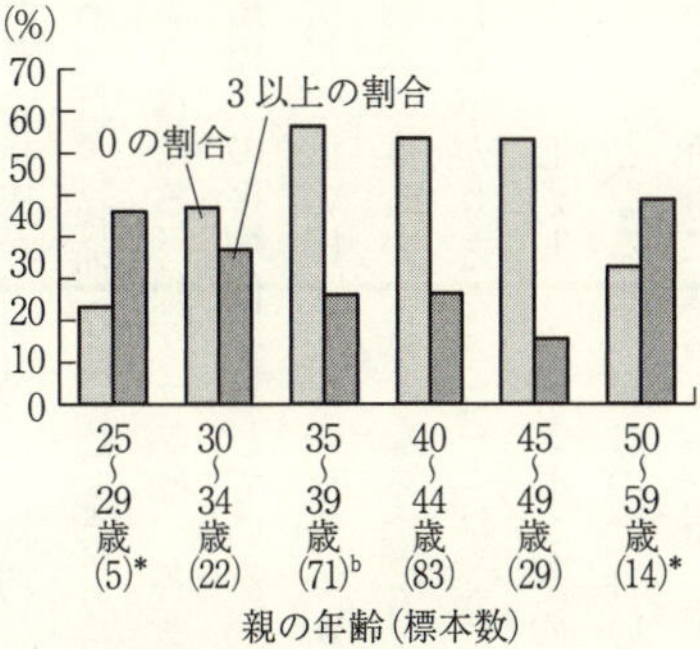

* b をベースとして p<0.1
出所：表 6-3 と同じ

図 6-4　子どもの剥奪指標：親の年齢別　0 の割合，3 の割合

た剥奪の指標が、所得と「特別な関係」にあったことであった。「特別な関係」をグラフ化すると、図6-5のようになる。線グラフは、各所得階層における「剥奪指標」の平均値を表している。

所得が低いほど剥奪の度合いが高く、所得が高いほど剥奪の度合いが低くなる(図6-5で言えば線グラフが右肩下がりとなる)ことは、誰もが予想したことであった。しかし、タウンゼンドの発見は、ある一定の所得以下となると、剥奪の度合いが急激に増えることである。所得にはある「閾値《いきち》」があって、それを超えて所得が落ちてしまうと、生活が坂道を転がっていくように困窮に陥っていくというものである。

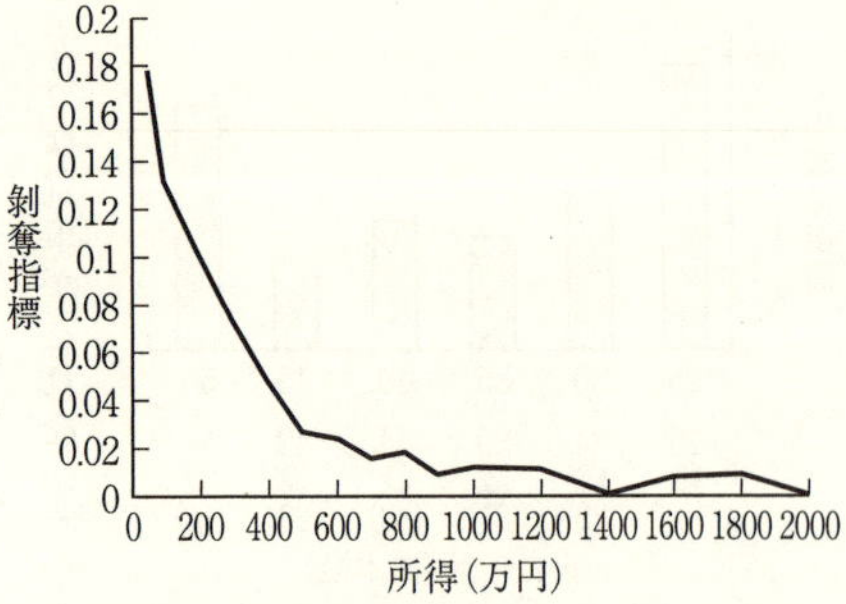

元データ：「社会生活調査」(2003年)
出所：阿部(2006)

図6-5　所得階級別　平均剥奪指標

この現象は、貧困研究をしている者にとっては、思い当たるところがある。貧困状態にある人は、低所得であるが故に、無理に仕事をして身体を壊し、医療費がかさんで家を手放し、家賃が払えなくなって高利の借金をする、という風に、一つの「不利」が次から次へと別の「不利」を生み出し、ますます生活が困窮していくというようなことがよくあるからである。

誤解がないように付け加えると、「閾値」は、その所得以下の人すべてが「剝奪」状態になると言っているのではない。その「閾値」を超えると、剝奪に陥る可能性が急激に増えるということを言っているのである。「閾値」未満の所得であっても、剝奪状態でない人は多くいる。しかし、「閾値」以下の所得は確実に「貧困のリスク」が高まった状態なのである。

剝奪と所得の関係にみられる、この「閾値」は、イギリス以外の国々でも次々と確認されている。日本においては、長く実証研究がなかったが、先述した「社会生活調査」(二〇〇三年)を用いて実証されている(阿部 2006)。実は右記の図6-5は、「社会生活調査」にてその欠如を調査された二八項目の「社会的必需項目」を用いて、剝奪と所得の関係をみたものである。これでみると、日本における「閾値」はおおむね世帯所得が四〇〇万円から五〇〇万円のあたりに存在する。この一六項目は、「家族専用のトイレ」「親戚の冠婚葬祭への出席」など、大人、または世帯全体の必需品であるが、同様の関係が、子どもの必需品についてもあるのかを確認するのが本章の目的である。

図6-6は、図6-5を表6-3にリストアップされた子どもの必需品で作成し直したものである。子どもの必需品の項目数は一五項目と世帯全体の必需品の一六項目より少なくなっているうえ、分析対象を、全世帯から小学生のいる世帯に限ったので、図6-6は、図6-5ほどなめらかな線ではない。しかし、図6-5ほど明確ではないものの、図6-6でも、やはり、閾値

は四〇〇~五〇〇万円の所得層にて確認することができる。つまり、大人の剥奪も、子どもの剥奪も、世帯所得が四〇〇~五〇〇万円以下となるとリスクが急増することがわかる。二つの閾値が一致していることは、偶然ではない何かを感じさせる。

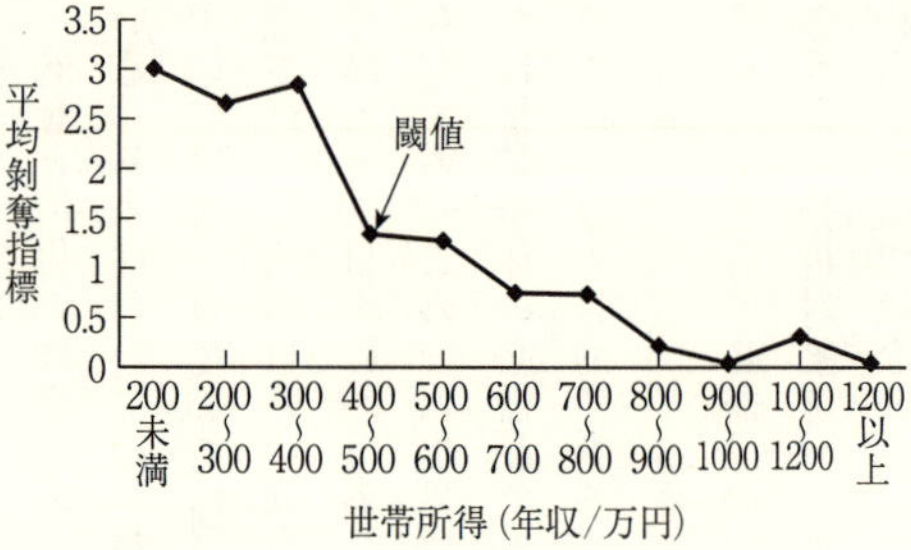

p<0.0001
出所：表6-3と同じ

図6-6　子どもの剥奪指標：所得階級別平均値

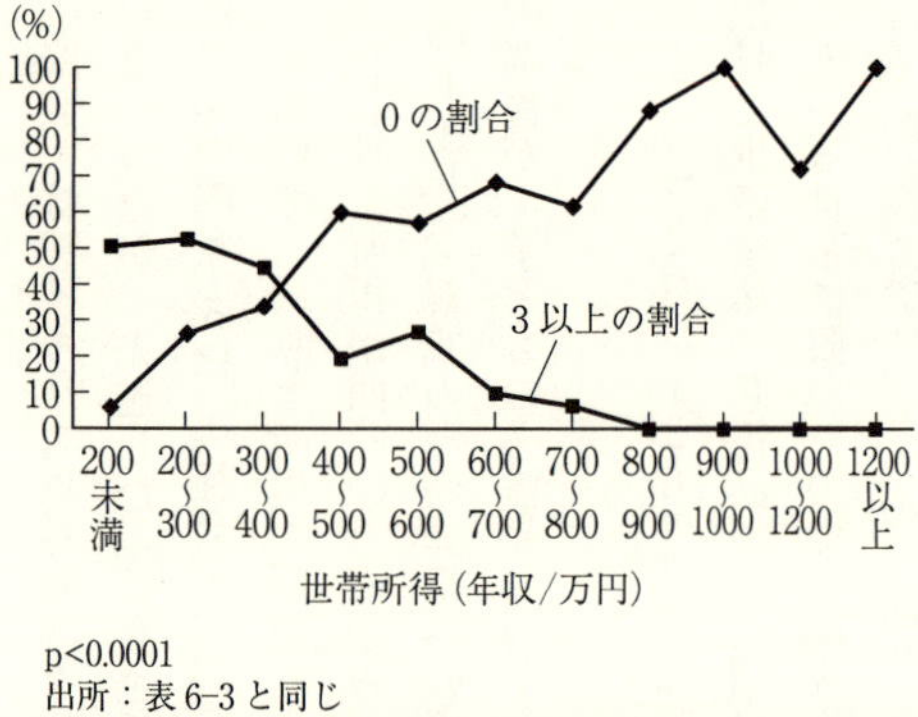

p<0.0001
出所：表6-3と同じ

図6-7　子どもの剥奪指標：所得階級別　0の割合，3以上の割合

閾値を、異なる方法で確認してみよう。図6-7は、剝奪指標が〇の(一つも欠けている項目がない)世帯の割合と剝奪指標が三以上(少なくとも三つ項目が欠けている)の世帯の割合を世帯所得別に示している。〇の世帯の割合は、比較的に直線で右肩上がりとなっているが、三以上の世帯の割合は、三〇〇~四〇〇万円から四〇〇~五〇〇万円にかけて大きな落差があり、ここでも四〇〇~五〇〇万円が一つの閾値となっていると見ることができる。

子どものいる世帯全体の剝奪

ここまで、さまざまなデータを見た読者の方は、「剝奪指標といったって、所得ベースで見た貧困と同じ結果じゃないか」と思われるかもしれない。結局のところ、母子世帯や親が若い世帯の子どもの生活水準が低いという結論であるし、剝奪指標と世帯所得に「特別な関係」があるというのも、剝奪と所得ベースの貧困が同じような現象を指しているのを裏付けている。強いて言えば、「閾値」の存在が、所得と剝奪の関係が線形でないことを表しており、「低所得＝剝奪」という簡単な図式では貧困を捉えることができないことが発見といえる。

しかし、剝奪の分析は、所得ベースでみた貧困の分析と異なる結論をも導いている。それは、分析の対象を子どものいる世帯だけから子どものいない世帯も含めた社会全体に広げたときに見ることができる。図6-8をご覧いただきたい。

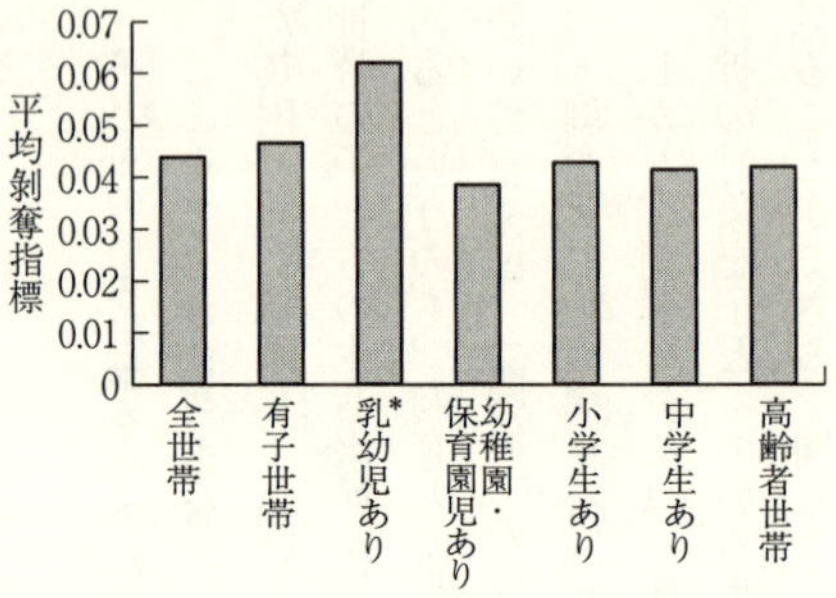

＊ p<0.05
注：有子世帯＝中学生以下の子どもがある世帯，
　高齢者世帯＝世帯主が60歳以上の世帯
出所：表6-3と同じ

図6-8　平均剥奪スコア（世帯全体の16項目）

図6-8は、上記の子どもに関する一五品目の必需品から作った剥奪指標ではなく、世帯全体の必需品一六項目から作成した剥奪指標である。ちなみに、この一六項目は、すべて「社会的必需品」として一般市民の過半数の支持を得られた品目であり、「家族専用のトイレ」「家族専用の台所」といった住居関連の項目や、「親戚の冠婚葬祭への出席」「礼服」など社会生活を送るために必要な項目、「必要な時に医者にかかる」「老後に備えるための年金保険料」など保障にかかわる項目などが含まれる。

この図から得られる新しい所見は二つある。一つは、高齢者世帯と有子世帯の平均剥奪指標がほぼ同じであることである。これは、貧困をテーマとする研究者らにとっては、驚くべき事実である。何故なら、通常の所得ベースの貧困率（＝低所得率）でみると、高齢者の貧困率は、子どもや勤労世代の貧困率に比べて圧倒的に高いからである（第2章図2-2、五二頁）。しかしながら、剥奪指標を使った分析でみると、必ずしも、高齢者のほうが、「貧困」である率が高いとは言えない。これは、考えてみれば、当然の結果である。「所得」は、その時点における金銭的資源の大きさを表しているにすぎないが、剝奪指標は、現時点の所得のみならず、過去の所得や遺産や人間関係などを含めたトータルな資源の結果としての生活水準を測るものだからである。だとすれば、引退した高齢者層においては、現在の所得が低くとも、生活水準はそれほど低くない人がいてもおかしくない。逆に、子どもがいる世帯は、そこそこの所得があったとしても、育児にかかる費用はもちろんのこと、家を買ったり、私財を揃えたり、自分自身の老後の貯蓄をしたりと、さまざまなニーズが重なり合い、結果として世帯の生活水準が低くなってしまっているのであろう。

二つ目の所見は、乳幼児をもつ世帯の平均剝奪指標が突出して高いことである。第2章の所得ベースの貧困率(=低所得率)でも、〇から二歳児の貧困率が上昇しており、他の年齢層の子どもに比べても高いことを指摘したが(図2-4、五九頁)、ここでもそれを再確認できる。先般、三歳未満の子どもに対する児童手当が月五〇〇〇円から一万円に引き上げられたが、子育て期間の中でも、特に乳幼児期に着目すること自体は、金額の多寡は別として妥当である。

第三に、母子世帯の世帯全体の剝奪指標について言及したい。図6-9は、親の年齢や、世帯タイプ別の「世帯全体」の剝奪指標の平均である。ここから得られる傾向は、子どもの剝奪指標のそれとほとんど変わらない。しかし、差がみられる点もある。それが母子世帯の剝奪指

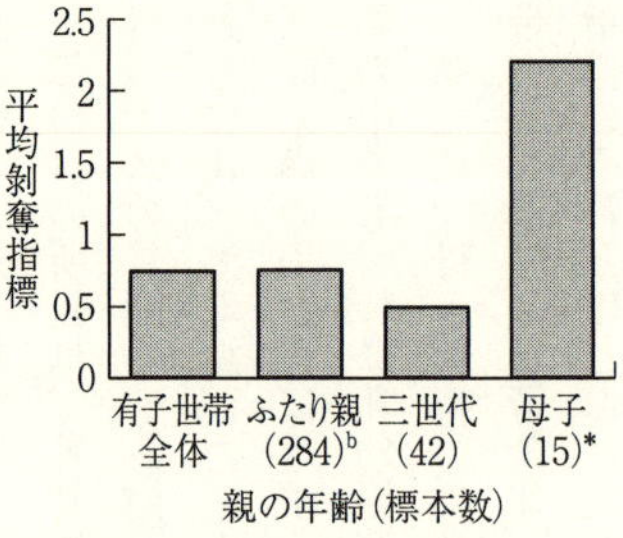

＊bをベースとして p<0.0001
出所：表6-3と同じ

図6-9　有子世帯の剥奪指標（一般項目）：平均値

標である。母子世帯の世帯全体の剥奪指標の平均は、有子世帯全体の平均の三倍近く突出している。母子世帯における子どもの剥奪指標も他の世帯類型に比べ高いものの、それほど突出していない（母子世帯の一般項目の剥奪指標は標準偏差の一・一倍平均から離れているが、子どもの剥奪指標は〇・五倍平均から離れている）。これは、以下のように解釈できる。つまり、世帯全体（この場合、母親）の生活水準を低下させても、子どもには「人並み」の生活をさせようとする母子世帯があるということである。母子世帯の母親の多くが、子どもに「みじめな思いをさせたくない」として、自分自身が「がまん」しているのである。

3　貧相な貧困観

本書の各章において、子どもの貧困を政策課題にのせ、「子ども政策」を立ち上げることが急務であることを、繰り返し強調してきた。しかし、政策が実現するためには、子どもの貧困とは何か、ということについて、社会的合意を得ることが不可欠である。「かわいそうな子どもが多いらしい」くらいの認識では、政治や行政は動かされない。どのような子どもが政策の対象となるべきであり、どの程度の支援を、どのような方法で、行ったらいいのか。これらの問いに答えるためには、具体的に、すべての子どもが享受すべき最低限の生活水準について考えていく必要がある。

これまで、福祉関係者や研究者、いくつかの政党によって行われてきた政策提言の多くは、所得ベースでみた子どもの貧困率（＝低所得率）をその論拠として、子どものいる世帯への支援策を訴えてきた。しかしながら、これらの政策提言が国民的サポートを今ひとつ得ることができないでいるのは、所得をベースとした相対的貧困の概念が、一般の国民には馴染みが薄く、理解されにくいという理由があるのではないか。その点で、本章で行ったような相対的剝奪による貧困概念は、人々が考える「子どもの最低限の生活は何か」という問いに対する答えを導き出す上で、より直接的なアプローチである。中でも、「合意基準アプローチ」によって、社会に直接「この社会の中で暮らす上で、最低限必要なものは何か」を問う方法は、「子どもに何を保障すべきか」を考える重要なプロセスである。

しかし、「合意基準アプローチ」によって算定される「子どもの最低限の生活水準」は非常に厳しいものであった。先にみたように、希望するすべての子どもが短大・大学に行けるべきだとする一般市民は四二・八％にしかおよばない。高校でさえ、六一・五％の支持しか得られていない（表6−1、一八七頁）。このような状況で、「教育の平等」や「機会の平等」を訴えても、支持されないはずである。「教育の平等」「機会の平等」が支持されない社会とは、どのような社会なのであろうか。不利な状況を背負って生まれてきた子どもたちが、そのハンディを乗り越える機会を与えられない社会とは、どのような社会なのであろうか。自らが属する社会の「最低限の生活」を低くしか設定せず、向上させようと意識しないことは、次から次へと連鎖する「下方に向けてのスパイラル」を促し、後々には、社会全体の生活レベルを下げることとなる。私たちは、まず、この貧相な貧困観を改善させることから始めなければならない。

第7章　「子ども対策」に向けて

1　子どもの幸福を政策課題に

子どもの幸福度(ウェル・ビーイング)

二〇〇七年に、ユニセフ(国連国際児童緊急基金)が先進諸国の子どもの「ウェル・ビーイング」(well-being)を比較した報告書を発表した(UNICEF 2007)。ウェル・ビーイングとは、辞書で調べると「幸福、福利、安寧」(研究社『新英和大辞典』第五版)とあり、「幸福」というような主観的な感情のみでなく、人間としての尊厳と機能が保たれている状態といえる。なかなか、しっくりくる和訳はないので、ここでは「ウェル・ビーイング」とそのまま使わせていただきたい。

報告書にてユニセフは、子どもの「ウェル・ビーイング」を、①物品的充足、②健康と安全、③教育、④家族と友だち、⑤行動とリスク、⑥子ども自身の生活の満足度、の六つの分野の指標で表している(表7-1)。残念ながら、データの不備によって日本はこの報告書による二一か国の総合ランキングには含まれていないが、この国際比較研究は「子どもの幸福度」について非常に興味深い結果を示している。その一つは、一つの分野でよい実績をあげている国は、他

表 7-1　ユニセフによる子どもの「幸福度」の分野別順位(21 か国中)

	6分野の平均点	物品的充足	健康と安全	教育	家族と友だち	行動とリスク	主観的満足度
オランダ	4.2	10	2	6	3	3	1
スウェーデン	5.0	1	1	5	15	1	7
デンマーク	7.2	4	4	8	9	6	12
フィンランド	7.5	3	3	4	17	7	11
スペイン	8.0	12	6	15	8	5	2
スイス	8.3	5	9	14	4	12	6
ノルウェー	8.7	2	8	11	10	13	8
イタリア	10.0	14	5	20	1	10	10
アイルランド	10.2	19	19	7	7	4	5
ベルギー	10.7	7	16	1	5	19	16
ドイツ	11.2	13	11	10	13	11	9
カナダ	11.8	6	13	2	18	17	15
ギリシャ	11.8	15	18	16	11	8	3
ポーランド	12.3	21	15	3	14	2	19
チェコ	12.5	11	10	9	19	9	17
フランス	13.0	9	7	18	12	14	18
ポルトガル	13.7	16	14	21	2	15	14
オーストリア	13.8	8	20	19	16	16	4
ハンガリー	14.5	20	17	13	6	18	13
アメリカ	18.0	17	21	12	20	20	
イギリス	18.2	18	12	17	21	21	20

注：□上位ランキング，■中位ランキング，■低位ランキング
出所：UNICEF(2007)

の分野でもよい状況であることが多いことである。

たとえば、OECD諸国の中で子どものウェル・ビーイングが第一位であるとランク付けされたオランダは、「満足度」で一位、「健康と安全」で二位、「家族と友だち」と「行動とリスク」で三位であった。オランダが一番悪い成績は「物品的充足」で一〇位であったが、それでも二一か国の上位を占めている。逆に、子どものウェル・ビーイングが最低とランク付けされ

たイギリスは、「満足度」、「行動とリスク」、「家族と友だち」の三項目で最下位、「物品的充足」では一八位、「教育」は一七位、一番よいのが「健康と安全」であるが、これも一二位であった。表7-1では、それぞれの分野の上位・中位・下位を色の濃淡でわけて示してある。すると、色が濃い(下位)部分が、比較的に表の下のほうに集まっており、色が薄い(上位)の部分が上に集まっていることがわかる。

つまり、子どもの基本的な物品的充足が満たされていなかったり、健康と安全が脅かされている中で、高い教育の達成は困難であろうし、よい教育がない中で、子ども自身が満足した生活を送ることも、また困難なのである。ユニセフが掲げた六つの分野は多かれ少なかれお互いに影響しており、子どものウェル・ビーイングは、すべての分野が揃ってこそ達成されるのである。

このような認識のもとに、本章では、子どものウェル・ビーイングを追求する政策について提案をしていきたい。その出発点となるのは、ユニセフの報告書では、最下位という評価をなされたイギリスである。イギリスの子どもの状況は決してよいとは言えないものの、イギリス政府はその状況を真っ向から受け止め、改善するための政策を打ち出している。これから、子どものウェル・ビーイングを真剣に考えていかなければならない日本にとって、イギリス政府の方向性はとても示唆に富むものである。

子どもの貧困撲滅を公約したイギリス

一九九九年、イギリスのトニー・ブレア首相(当時)は、子どもの貧困を二〇二〇年までに撲滅すると宣言した。そして、これは単なる夢物語ではなく、実行可能な政策目標として二〇〇四年までに貧困を四分の一に、二〇一〇年までに半減させるという計画をたて、次々と政策を打ち出している。二〇〇一年には児童税額控除(Children's Tax Credit)が導入され、そのわずか二年後の二〇〇三年には児童税額控除が衣替えして Child Tax Credit として再導入されたほか、新しく勤労税額控除(Working Tax Credit)も設置された。

児童税額控除だけを取り出してみても、日本との差は明らかである。児童税額控除は、所得制限がなく、子ども一人の場合でも年間五〇万円以上の給付(減税、税額が控除額より少ない場合は、差額)を受けることができる。日本では、税額控除の仕組みがなく、所得税の扶養控除があるが、これは最大年間一一万円程度の減税で、所得が多い世帯ほど減税額が大きい。また、同時にイギリスでは、税率の引き下げや、社会保険料の減免措置も行われてきており、保守党であった前政権のジョン・メジャー首相によって廃止された最低賃金制度も、復活され、その額も引き上げられている。

この結果、一九九九年には三四〇万人と推計された貧困の子ども数は二〇〇四年には二七〇万人となった(二一%減)。最初のターゲットであった二〇〇四年の目標は達成できなかったものの、貧困の子ども数は確実に減少し始めている。

日本政府の認識

対して、日本ではどうであろうか。ちなみに、イギリスのブレア首相が子どもの貧困克服を公約した一九九九年頃のOECDによるデータを見てみると、イギリスの子どもの貧困率(OECD定義)は一三・六%、日本のそれは一二・九%である。大きな違いはない。しかし、この時期、日本の中で子どもの貧困が社会問題であるという認識はほとんどなかったといってもよい。そして、この傾向は、今にも続いている。

前述したOECDの「対日経済審査報告」(二〇〇六年)において、子どもの貧困率が問題視されるにいたっても、これについて真摯に向き合おうという姿勢は政府には見られない。OECDのデータについても、「データの信頼性が低い」「データの二〇〇〇年時点に比べ、児童関連支出は増加しており、(状態は)改善が進んでいる」としている。国際機関の数値が信じられないのであれば、自国の中で信頼できるデータを作るべきである。しかし、日本は、公式な貧困基準をもたず、貧困を測定すること自体を拒んでいるのである。また、児童関連支出の増加だけを根拠に、子どもの置かれた状態は「改善が進んでいる」とする答弁も、説得力に欠けると言わざるをえない。前章で見たように、この間、たしかに児童手当は拡充されたが、児童扶養手当は縮小され、公立保育所や就学援助費に対する国の補助金も削減された。拡充された児童手当さえも、子どもの貧困削減という観点はなく、「薄く、広い」いわばばら撒き手当である。

その間に、子どもを取り巻く経済状況、とりわけ若い親の雇用情勢は悪化し、社会保障や税の負担は増加している。子どもの状況は、たとえば、児童手当が五〇〇〇円値上がりした云々ということよりも、むしろ、親の雇用状況や、社会保障の負担の増減、保育所や学童保育の整備、公的教育の質の低下などに影響される度合いが大きいのである。そもそも、社会保障の中で非常に小さい割合しか占めない「児童関連支出」だけを取り出して、それが「増えている」「減っている」と議論していても、子どもの置かれている状況の全体像はつかめないのである。

「子どもと家族を応援する日本」重点戦略

二〇〇七年一二月に、政府は「子どもと家族を応援する日本」重点戦略を発表した（詳細については内閣府HPを参照のこと）。そこで掲げられた重点戦略の視点は「今後の労働力人口の急速な減少と、結婚や出産・子育てに関する希望と現実の乖離の拡大、人口減少下で、持続的な経済発展の基盤として、「若者や女性、高齢者の労働市場参加の実現」「国民の希望する結婚や出産・子育ての実現」の二点の同時達成」であり、仕事と家庭の両立を可能とするような「日本」を目指している。現行の制度と照らし合わせてみれば、「今後、我が国が急速な人口減少、労働力減少に直面する中、誰もが意欲と能力に応じて働くことのできる環境整備を進め、就業率の向上を図ることが必要であり」、また、「出生率の回復したフランスなどでは、近年、保育サービスの充実など仕事と家庭の両立支援を軸とした家族政策が展開されている」として、現物給付、つまり、保育所や育児サービスなどの充実を図る、としている。

この戦略から見えてくる「目標」は何であろう。答えは明確である。労働力人口の増加と出生率の増加である。育児中の女性・男性や高齢者を労働市場に参加させ、そして将来の労働力としての子どもを増やす。それが、人口が減少しつつある日本の重点戦略であるというのである。

たしかに、少子化が急速なスピードで進展した日本においては、少子化対策は最重要課題であろう。このことについて、筆者は何も異論を唱えるつもりはない。しかし、この戦略からは、何とか子どもを高校・大学に行かせようと、二つ、三つの非正規雇用を掛け持ちしてがんばっている母子世帯の母親が、せめて平日五時以降は帰宅し子どもと一緒に夕飯を食べながら、ゆっくり過ごせるように支援しようだとか、貧困世帯の子どもが大学の費用の心配をすることなく勉学にいそしめるようにしようとか、そういう配慮はまったく感じられない。

すでに、研究者の間では既知の事実であり、ＯＥＣＤなどの国際機関からも指摘されている勤労世代の格差の拡大や、子どもの貧困率の増加について、「子どもと家族を応援する日本」重点戦略が一言も触れていないのはいかがなものか。唯一あるのが、「子育て世帯の支援ニーズに対応した経済的支援の実施」であるが、これがどのような制度に実際に結びつくのかは不明である。子どものある世帯への経済支援である児童手当や児童扶養手当、生活保護を拡充するといった方向性は出されていないし、奨学金や就学援助制度の拡充や、保育料・高等教育の学費の低所得世帯への無料化、子どもの学力の格差の拡大を抑制する政策など考えられる策は幾多とあるものの、子どもの貧困対策と思われる記述はまったくないのである。

少なくとも、現時点で、日本政府は、子どもの貧困を政策課題と思っていないことは明らかである。

2　子どもの貧困ゼロ社会への11のステップ

イギリスの「子どもの貧困アクション・グループ」(CPAG　Child Poverty Action Group)は、一九六五年に創立され、すでに半世紀の歴史をもつ民間団体である。CPAGには、著名な研究者や活動家が名を連ね、研究活動、啓蒙活動、政策提言と、幅広く子どもの貧困に対する運動を繰り広げている。イギリス政府が子どもの貧困に高い関心をもつのは、このような民

表7-2　イギリス　Child Poverty Action Group による子どもの貧困ゼロ社会への 10 のステップ

1. すべての政党が子どもの貧困撲滅を政策目標として掲げること
2.「貧困に配慮した政策」――すべての政策に貧困の観点を盛りこむこと
3. 児童手当や児童税額控除の額を，価格または所得の上昇率の高い方に合わせて増額すること
4. 大人に対する所得保障も子どもに対する所得保障と同じように増加させること
5.「税額控除や各種の手当の改革」――適当な額の金銭的支援を，適当な対象者に，適当な時期にする改革を行うこと
6. すべての子どもが教育の必需品(給食費，制服，活動費)への完全なアクセスがあること
7. 移民の人々も含め，すべての住民が平等な支援を受けられること
8.「より多くの就労」ではなく，「よりよい就労」を政策とすること
9. 利用時において無料かつ良質の普遍的な保育を提供すること
10. 貧困世帯における，不当に重い税金を軽減すること

出所：Child Poverty Action Group HP より，訳は筆者による．

間団体が存在することとも関係がある。

ＣＰＡＧは、二〇〇五年に「子どもの貧困ゼロ社会への10のステップ」というマニフェストを発表した（表7-2）。筆者は、このマニフェストを初めて目にした時、いかにこれが、日本の子どもの貧困削減にも適切であるかに驚いた。ここで挙げられた基本概念は、これから子どもの貧困政策を打ち出していく日本にとっても非常に有効である。そこで、以下に、このマニフェストを参考として、**「日本版子どもの貧困ゼロ社会へのステップ」**を考えてみたい。筆者の提案するステップは、イギリスの10ステップに1ステップ加えた11ステップから成る。

1　すべての政党が子どもの貧困撲滅を政策目標として掲げること

第3章で述べたように、GDPに占める日本の家族関連の社会支出は、他国に比べて大幅に少ない。しかし、このこと自体は特別に問題視すべきことではない。「家族関連」と分類される社会保障支出がなくても、子どものウェル・ビーイングを達成することはできる。児童手当や児童扶養手当がなくても、親(母子世帯の母親も含む)に質の高い就労が確保されており、質が高く廉価の保育や公教育が提供され、高等教育への平等なアクセスが保障されている社会が構築できていれば問題はないのである。

しかし、第2章で述べたように、「格差社会」は急速に子どもの生活をまきこんできている。与党や政府は、子どもの貧困率の上昇を今までの政策への批判と受け止めずに、新しいチャレンジとして真っ向から立ち向かうべきであり、野党は、これを政府批判の材料とすべきではない。日本の政府に求められているのは、この変化に敏感に反応する姿勢である。せめて、この変化をモニターできるようなしくみを構築する必要がある。そのためには、**党派を超えた子どもの貧困タスクフォース**(作業部会)が必要である。

2　すべての政策に貧困の観点を盛りこむこと

先述のとおり、子どもの貧困対策は、「児童関連支出」の域だけで解決される問題ではない。第3章で指摘したように、日本の子どもの貧困率は、再分配前(市場所得)に比べ、再分配後

（税や社会保障料差引後）のほうが高いという、逆転現象が起こっている。これは、まさに、税制や社会保障制度に子どもの貧困という視点が抜け落ちていたからである。まず、この逆転現象を是正することを政策の第一課題としなければならない。

先進諸国のほとんどは、日本と同じように、現役世代から税や社会保険料などの資金を集め、高齢世代に給付している。しかし、日本においてだけ、子どもの貧困率が悪化しているのである。たしかに、日本の高齢化率は他の先進諸国よりも高く、その分、現役世代が高齢者世帯をサポートしなければならないという理由はわかる。しかし、これまでの政策論議では、現役世代か、高齢者世代か、というように、世代間の所得移転ばかりに着目されてきたように思う。問題は、それほど簡単ではない。現役世代の中でも「誰が」、高齢者世帯の中でも「誰が」、負担をし、給付を受けるべきなのかを考えるときがきている。

第3章の議論の中では、他の国に比べて日本の高所得者の負担が低く、また、低所得者の負担は高いことを示した。この構造は改善されるべきである。**現役世代の中でも、子どもを育てていたり、貧困線を下回る生活をしている世帯に対しては、せめて、負担が給付を上回ることがないように、税制、公的年金、公的医療保険、介護保険、生活保護を含めたすべての社会保障制度で考慮すべきである。**そうして初めて、貧困率の逆転現象が解消されるのである。

繰り返すが、他の国では、子どものある貧困世帯の負担が過度にならないように、負担を少なくしたり、また、負担が多くても、それを超える給付がなされるように、制度設計しているのである。その結果、子どもの貧困率を大幅に減少させることに成功している。子どもの貧困が問題となってきた今、日本においても同様の配慮が必要である。第6章において、子どもの剝奪指標が、世帯所得が四〇〇～五〇〇万円を割ると、急激に上昇することを指摘した（図6-6、二〇四頁）。このことから、少なくともこの閾値以下の有子世帯については、社会保障制度の負担が軽減されるように考慮すべきである。

3 児童手当や児童扶養手当等の見直し

しかし、貧困率の逆転現象を是正しただけでは、子どもの貧困は解決されない。日本の子どもの貧困率は、再分配前所得でみても、一〇％を越えており、これが悪化していることが、一九九〇年代からの子どもの貧困率の上昇の主要因である（阿部 2006）。貧困率を政府の介入によって減少させるためには、子どものある貧困世帯の税や社会保険料による負担を軽減するだけではなく、負担を上回る額の給付を行わなければならない。

見てきたように、現在、子どものある世帯に給付されているのは、児童手当、児童扶養手当、生活保護などである。すでに第3章で詳しく述べたように、これらの制度は、現在、子どもの貧困率を減少させることに充分な役割を果たしていない。**子どもに対する現金給付をどのよう**

な対象の子どもに与えるべきか、どのような方法を用いるべきか、という問題は別として、まず、その額について、今一度検討する必要がある。

教育費を含めた子どもの養育費が飛躍的に上昇している今日、月々五〇〇〇円の児童手当はその意義を失いつつある。子どもに「最低限保障されるべき」生活水準のために、どれくらいの費用が必要か。これらの問いに答えるのには、ただ単に「今の二倍」ないし、「他の国に比べ、高い(低い)」というレベルの議論は意味をなさない。そのためにも、第6章でおこなったような国民的議論が必要である。

4 大人に対する所得保障

一九九九年に子どもの貧困撲滅宣言がなされてから、イギリスにおいては、子どものある世帯を対象とするさまざまな所得保障制度が創設された。しかしながら、CPAGによる4番目のステップは、子どもだけを対象とした制度では子どもの貧困が撲滅されないことを指摘している。その理由は、第一に、子どものウェル・ビーイングは、属する世帯全体の所得に左右されるものであるという当たり前の認識である。第二に、子どものない世帯、特にこれから子どもをもつ世代の貧困は、のちのちには子どものウェル・ビーイングにかかわってくるという理解である。子どもが生まれ出てくる環境からして整えなければならないというのがこのステップの指摘するところである。

日本においては、若者の貧困や雇用の非正規化が進行しており、若い世代の多くが子どもさえもてない状態にあるとされる。ただでさえ財政状況が厳しい中、子どもも大人も、と大盤振る舞いはできないと考える人も多いであろうが、子どもを増やすという少子化の観点からしても、この４番目のステップは忘れてはならないステップである。

５　税額控除や各種の手当の改革

イギリスにおける子どもの貧困率の減少の背景には、政府が子どもをもつ世帯に対する「給付つき税額控除」の制度を大幅に拡充したこともある。現在、イギリスには、先に述べた児童税額控除（Child Tax Credit）、勤労税額控除（Working Tax Credit）のほかにも、子どものある貧困世帯向けのさまざまな手当や制度が存在する。

給付つき税額控除については、次の節で提案としてまとめているので一読いただきたい。

６　教育の必需品への完全なアクセスがあること

この提案のすばらしい点は、教育への完全なアクセスのためには、ただ単に授業料を免除するだけではなく、給食費や活動費など学校生活にかかわる諸経費が必要であると指摘しているところである。子どもが教育からの便益を最大限に獲得するためには、学校の門戸を開くだけでは足りない。子どもが喜んで学校に行き、学校生活を楽しむように、工夫されなければならない。給食はもちろんのこと、それなりの身だしなみや、部活や遠足なども、「教育の必需品」の一つなのである。学校生活にかかる費用の中で、一部だけを取り出して、それを「親の責任」とするのはいかがなものか。

繰り返すが、初等・前期中等教育（そして、近年は高校も含まれるかもしれない）は、「子どもの権利」として認識するべきである。そのために必要なコストをどうするかの問題は、「親が払えるか」「なぜ、払っていないのか」の議論に終始するべきではなく、実際に払えていない子どもがいる現状を踏まえて、それに対処する方法をまず考えるべきである。

7　すべての子どもが平等の支援を受けられること

筆者は、第5章において、子どもが属する世帯のタイプに関係なく行われる「子ども対策」が必要であると述べた。これには、ふたり親世帯か、父子世帯か、母子世帯かといった世帯類型のみならず、日本に増加しつつある外国人の子どもも含まれる。そして、共働き夫婦であるか、専業主婦（夫）世帯か、といった区別も避けるべきである。

政策の対象を、「世帯」から「子ども」に移し、子どものある世帯に対する政策を一本化し

た「子ども対策」を打ち出し、すべての子どものウェル・ビーイングを向上するという理念を訴えたい。

そうすることにより、「少子化対策」「母子世帯対策」「ワーク・ライフ・バランス」「女性の労働参加の促進対策」など、すべて育児にかかわるものの、その目的が同方向を向いていない政策をまとめることができる。たとえば、「ワーク・ライフ・バランス」を一方で謳いながら、母子世帯の母親に二重、三重労働を強いるような矛盾は解消するべきである。

政策と政策の狭間に落ちてしまっている視点も多々ある。たとえば、母親が専業主婦である貧困世帯である。母親がパートに働きに出れば、収入は若干上がるかもしれないが、保育料などを考慮すれば、家計の大した足しにはならない。母親が家にいないことで、子どもが受けるデメリットもある。子どもによっては、思春期で微妙な時期であったり、ケアが特に必要な場合もあるであろう。子どもが必要とする「ケア」について、一番適切な判断ができるのは、行政ではなく、親である。経済的な理由によって働かなければならず、本当に必要な子どものケアができなくなったり、また、本当は働きたいのに、適切な保育支援がないから、働くことができない、というような状況を、少しでも解消することが政府の役割なのではないだろうか。

8　「より多くの就労」ではなく、「よりよい就労」を

ヨーロッパ諸国においては、子どもの貧困の大きな要因として注目されているのが無職世帯（働いている人が一人もいない世帯）の割合の多さである。つまり、失業世帯や生活保護に依存している世帯が子どもの貧困率を引き上げているのである。筆者が行った推計によると、日本において、二〇〇二年における勤労者が一人もいない世帯に属する子ども（一八歳未満）の割合は二％であったのに対し、イギリスは一七％、フランスは一〇％、ドイツは一一％であった。

一九九〇年代になってから欧米諸国では「ワークフェア（就労を通じた福祉）」と称して、特に母子世帯の母親の就労支援策（国によっては「就労せねば給付は出さない」というような制裁的な措置も含めて）が次々と打ち出された。本書においては、ワークフェアの詳細やその評価について、詳しく述べることはしない。ここで、指摘したいのは、**日本の子どもの貧困の問題は欧米を悩ませていた「失業問題」ではなく、「ワーキング・プア」の問題である**ということである。そのため、欧米における「ワークフェア」で用いられた手法をそのまま日本にコピーすることには無理がある。

この第8番目のステップは、日本にとって、イギリスよりもさらに重要なステップである。「多くの」ではなく、「よい」就労である。「よい」の中には、収入がよいというだけではなく、「ディーセント」(decent＝まっとうな）という意味も含まれる。母親も父親も、「まっとうな」

時間に帰宅し、子育てを楽しみ、かつ、「まっとうな」給与が得られる仕事をもつという意味である。

第2章にて指摘した問題を思い出してほしい。日本のふたり親世帯は、勤労者が一人の場合の貧困率はＯＥＣＤ平均を下回るものの、勤労者が二人の世帯（共働き世帯）の場合の貧困率は、勤労者一人の世帯と大きく変わらず、ＯＥＣＤ平均の二倍以上となる。つまり、女性（母親）の収入が貧困率の削減にほとんど役立っていないのである。ほかの国では、ふたり親世帯が共働きであると、貧困率が大きく減少する。日本の母子世帯の貧困率が突出しているのも同じ理由による。

今の日本の労働市場には、「ディーセント・ジョブ」がどんどん少なくなってきている。男性にも、女性にも、「ディーセント・ジョブ」を増やすこと、これが子どもの貧困を抜本的に解決する最大の方法である。

９　無料かつ良質の普遍的な保育を提供すること

日本には公立保育所が存在し、待機児童が存在する市町村もまだまだあるものの、就学前の保育を要する子どもは公立保育所に通うことができる。このことは、すばらしいことであり、評価すべき政策である。しかし、ＣＰＡＧはその一歩先をいった保育政策を提唱している。それが「利用時において無料かつ良質」の「普遍的」な保育である。
まず、すでに、日本では保育料の滞納率が四・三%も発生していることを真摯に受け止め、その実態の究明を急ぐ必要がある。前述したように、保育料の滞納は、親に支払い能力があるのに払っていないとする論調がマスメディアなどでは主流であるが、滞納者は低所得者層に偏っていることを踏まえると、親の自己責任説で問題を却下してしまえる状態ではない。現に、保育所から退所させられた子どもが親が働く間放置されているケースなども報告されている。これは、まさに「保育の欠ける」状態の子どもに保育を提供するという保育所の目的が「保育料の支払い」というハードルによって妨げられている状態である。就学費の問題もしかり。親の支払い能力の欠如や支払わない親への制裁のために、子どものウェル・ビーイングを侵すことをしてはならない。

諸外国の多くにおいては、保育料は基本的に無料である。無料にすれば、誰も彼もが殺到して子どもを預けるだろうと心配する経済学者がいるかもしれないが、保育所に入所できるかどうかは今でもすでに市町村が決定しているのであるから、そのような事態は起こらないはずである。また、無料にした場合の財源はどうする、という問題もあろう。しかし、すでに児童一人当たりの保育料には相当の財源がつぎ込まれているのである。第5章で述べた、「ヘッド・スタート」のような貧困の最初の防波堤としての保育所の機能を認めるのであれば大幅な財源を投入することも必要である。また、保育所には所得の高い親も子どもを預けているのであるから、無料にすれば彼らにも便益がいってしまうという説もあろう。筆者の反論は、子どもへの政策は社会全体で担うべきである。そしてその負担はその社会の構成員それぞれの経済力にマッチした方法で累進的に徴収するべきであるというものである。

10 不当に重い税金・保険料を軽減すること

第3章(表3-3、九八—九九頁)においては、日本の低所得層(現役世代)は他国に比べて高い負担を強いられていることを示した。逆に、高所得層は、所得のシェアは他国と遜色ないものの、負担の割合は一番少ない。これまでの日本の社会保障の負担と給付のあり方についての議論は、現役世代対高齢世代といった図式で語られることが多かった。しかし、格差が顕在化してきた今となっては、それだけでは足りない。子どもの貧困を削減するためには、給付を増加するだけではなく、負担の軽減も行わなければならない。そのためには、税制の改革、社会保障制度の改革が不可欠である。

税制においては、今後増えるであろう消費税の負担を貧困世帯に過度に担わせないようにする配慮が必要である。所得税と違って、消費税は、どのような所得の人に対しても均一の税率なので、貧困層には不利益な税である。貧困層への負担を減らすために、食料品などの生活必需品に対して軽減税率を設ける案もあるが、本書では次節に紹介する「給付つきの税額控除」を提案したい。

また、社会保険の改革も必要である。現在、国民年金、国民健康保険においては保険料を払うのが困難な人々に対して免除・軽減措置を講じているが、それでも、未納・滞納者が跡を絶たない。最近の厚生労働省の発表によると、国民年金の未納率は三四％、国民健康保険の滞納率は一九％である（社会保険庁調べ）。特に、国民健康保険の被保険者にはその世帯に属する子どもも含まれる。すなわち、公的健康保険にカバーされていない子どもが存在する。しかしながら、世論においては、国民年金・国民健康保険の未納問題も、保育料や就学費の滞納と同じく、個人の責任論が主流である。そのために、保険料の取立ての強化や資産の差し押さえといった政策ばかりが注目を浴びているが、未納問題を検証した多くの研究は、世帯所得の低さや、失業状態にあることが未納の主要因であることを報告している（鈴木 2008）。

前述のように、現在多くの自治体においては子どもの医療費の無料化を推し進めているものの、地域格差が激しく、そのような制度がまったくない自治体もある。健康保険を持たなかったり、三割の自己負担が払えないために適切な医療を受けられない子どもが存在するのであれば、日本の「皆保険」制度はすでに崩壊しているといってもよい。

国民年金や国民健康保険の保険料は一律であったり、均等割（頭割り）である部分が大きいので、貧困層にとっては比較的に「お高い」保険料となる。保険料の減免措置の効果とあり方を今一度検証するべきである。また、厚生年金や健康保険においても、保険料の負担のあり方を議論する必要がある。高所得層の負担を多くし、低所得層の負担を軽減する一つの方法は、保険料額の上限を撤廃することである。現在は保険料額の上限があるために、所得がいくら高くなっても上限以上の保険料は課せられないのである。現に、アメリカでは公的医療保険の保険料の上限は撤廃されており、日本においても検討されない理由はないであろう。

11 財源を社会全体が担うこと

最後のステップは、CPAGの10のステップに付け加えて提案したい。日本の家族関係支出には、雇用保険からの育児休暇給付や、健康保険などからの出産育児一時金など、社会保険の制度の中で行われている部分も少なからずある。そのため、四兆三三〇〇億円という少子化対策費(二〇〇七年度)の財源には、国(一兆一五〇〇億円、二七%)、地方公共団体(二兆三四〇〇億円、五四%)という公的セクターからの財源のほかに、事業主(五一〇〇億円、一二%)や被保険者(三四〇〇億円、八%)が担う部分も存在する。しかし、他の先進諸国をみると、この財源構成は大きく異なっている。ドイツにおいては、一〇〇%税がもっているものの、スウェーデンやフランスでは相当に大きい部分を事業主が負担しているのである(図7-1)。

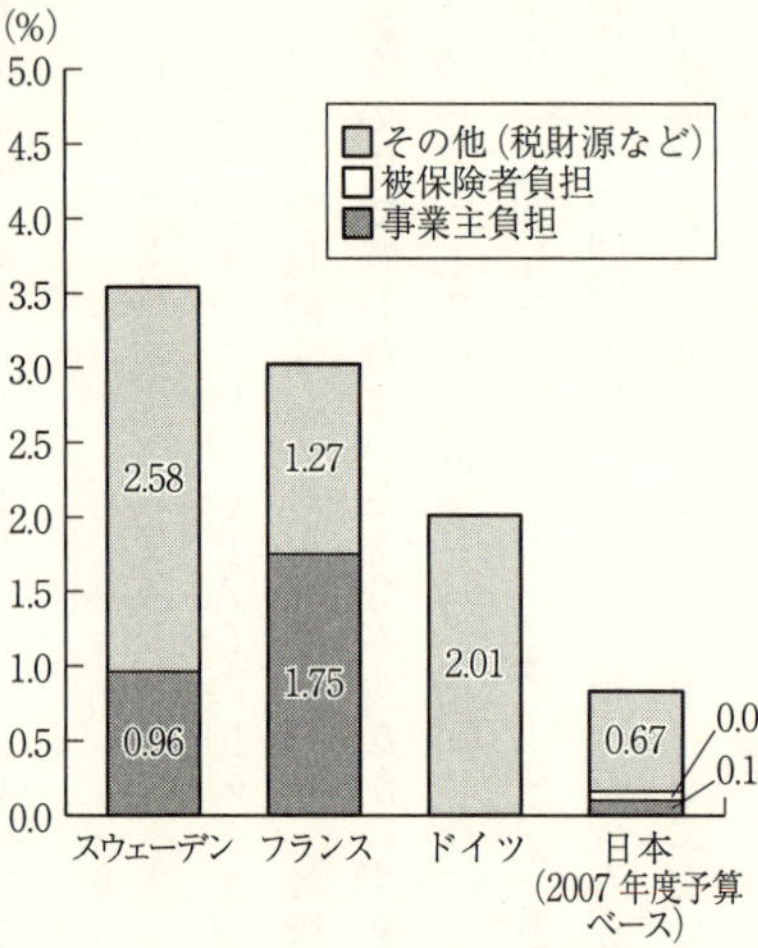

出所：内閣府（2008）『平成 20 年版少子化社会白書』

図 7-1　家族関係支出の財源構成（推計）の国際比較（2003 年度〔日本は 2007 年度予算ベース〕，対 GDP 比）

日本においては、近年、事業主による子どもに関する費用の負担が減ってきている。たとえば、〇歳から三歳までの児童手当の財源の一部は事業主が担っているものの、二〇〇〇年以降、「少子化対策」として大幅に拡充された部分はすべて国と自治体が担っており、事業主の負担は増えていない。もともと児童手当は、創設時点においては、企業の内部で発生する賃金格差を是正する意味合いも込められていたが、現在はそのような観点は薄れてきている。

経済界にとって将来の労働力不足は深刻な問題である。にもかかわらず、一方で、労働力不足の心配のために「少子化対策」を国に求め、また一方では、勤労者を非正規化することによって貧困化し、その子どもたちの将来の希望や展望を摘み取っていることは大きな矛盾といえるのではないだろうか。

3 いくつかの処方箋

給付つき税額控除

子どものある世帯に対する支援策として、先進諸国で近年比重を高めているのが税制による優遇措置である。社会保障制度の一部である児童手当がより普遍的なものになってきているのに対し、税制による優遇措置では、貧困世帯や多子世帯など、よりターゲットを絞った制度が各国にて次々と導入されている。中でも、子どもの貧困に対して有効なのが「給付つきの税額控除」である。「税額控除」とは、払うべき税金の額そのものを減額する制度である。

日本でも広く採用されている「所得控除」は、課税所得を減額する方法であり、実際にどれほど税金が減るかは、その人の税率によって異なる。たとえば、扶養する子どもについては現在、一人当たり三八万円の扶養控除があるが、税率が一〇％の人は三・八万円、二〇％の人は七・六万円が税金から減額される。つまり、所得が高く、税率が大きい人ほど、この制度から得る便益は大きい。貧困世帯のほとんどは所得が低いために税金を納めていないと思われるが、この層については所得控除は何の便益ももたらさない。

しかし、「税額控除」であれば、所得税の金額を直接減額する制度なので、所得階層にかかわらず同じ便益を得ることができる。仮に、税額控除が一〇万円であるとすれば、一〇〇万円の所得税を納めるべき人は所得税が九〇万円に、一〇万円の所得税を納めるべき人は所得税が〇円となる。特に脚光を浴びているのが、「給付つき」の税額控除で、これは、収めるべき税金の額が税額控除より少ない場合は、逆にその差額分を「給付」として受け取ることができる制度である。つまり、低所得で所得税額が〇円であったとしたら、税額控除の全額が給付されるのである。

このような給付つき税額控除は、一九九〇年代になって、アメリカ、イギリス、カナダ、オランダなどの国々で次々と導入・拡充された。近年では、韓国が二〇〇八年より給付を始めている。制度の対象は、国によって、勤労していることが義務付けられていたり、子ども数によって給付額が異なったりと差があるものの、共通なのは、主に、子どものある貧困世帯を対象としていることである。たとえば、一番古くからあるアメリカの勤労所得税額控除(EITC)は、一七歳未満の子どものある勤労世帯を対象とし、子どもが二人の場合、最高四七一六ドル(五五・二万円、一ドル=一一七円)、一人の場合、二八五三ドル(三三・四万円)が税額控除される。実際に、総控除額の約八〇%は給付されており、EITCによって、アメリカの子どもの貧困率は大幅に改善されている。アメリカには、このほかにも、所得制限がより緩やかで中所得層をも対象とする児童税額控除(CTC)や保育控除など、税制による給付の制度が整備されている。イギリスの制度については、すでに述べたが、アメリカの制度に比べ特徴的なのは所得制限を設けない普遍的な制度であることと、親が働いていることを条件としていないことである。

子どもの貧困削減を目的とした所得保障の制度を考えるとき、給付つき税額控除という手法は有力な候補である。

なぜなら、まず第一に、生活保護や児童扶養手当など、すでに存在する生活に困窮した世帯を対象とする制度は、所得制限やそのほかの受給要件が厳しく、非常に選別的であるうえ、それを受け取ることに対する偏見が付きまとう。税額控除は所得税制内で行われ、ケースワーカーが訪れたり、福祉事務所に出向く必要がなく、人々の目に触れにくい。また、新規に創設される制度なので、それを受け取ることに対するネガティブなイメージが発生していない。実際に、アメリカにおいても、公的扶助の受給率に比べ、ＥＩＴＣの受給率は大幅に高い。

第二に、低所得者に配慮した制度として、よく挙げられる最低賃金や消費税の軽減税率（物品によって通常より低い消費税を設定すること）などは、広く低所得者に資するという意味では有効であるが、低所得者でない人にも便益がもたらされるため、財政的には非効率である。たとえば、裕福な夫をもつ主婦がアルバイト的に収入を得る場合にも最低賃金は適用される。また、低所得者の負担を減らすことを目的として、食料などの生活必需品に通常よりも低い消費税を設けるとしても、実際には高所得者も食料を(時には低所得者よりも多く)購入するため、その便益は制度が想定した受益者以外の人々にも及ぶ。しかし、税額控除は、特定のタイプの世帯をピンポイントでターゲット(対象とする)ことができるため、より効果的である。たとえば、子どもが三人以上ある貧困世帯、六歳以下の子どもをもつ世帯など、制度の設計によって自由に設定することができる。また、給付額についても、所得がある一定の額を超えると徐々に減額されるなど、一律ではない設定が可能である(アメリカ、イギリスなどでも、控除額は所得とともに減額される)。このように、給付つき税額控除は非常に「便利」なツールなのである。

第三に、税額控除は新設の制度であるということがある。同じように子どものある世帯に所得移転を行う制度に児童手当があるが、児童手当は「普遍的」で「一律」(すべての人に同額の給付を行う制度)であるというイメージが強く、また、現在の児童手当は一部が企業負担となっていたり、と財源も複雑である。この児童手当を設計し直すよりも、新設の制度を作ったほうが人々にも受け入れられやすいと考えられる。

それでは、具体的にどのように制度を設計すればよいか。

子どもをもつ世帯の中で一番困窮度が高い母子世帯を念頭において設計するとすれば、第一子以降すべての子どもに対する給付が望ましい。また同じ財源規模をもってするのであれば、所得制限は低いほうが、低所得者にはより望ましい。しかし、実際には、子どものある世帯の課税所得は往々にして低いので、所得制限を相当低く設定しても、子どものいる世帯のほとんどが対象となる。

筆者は、森信茂樹中央大学教授らと共に行った研究会で、所得税の扶養控除と配偶者控除をそれぞれ二〇万円減額して、それを財源に、一八歳以下の扶養児童をもつ課税所得二〇〇万円以下の世帯に「給付つき税額控除」を配布するというシナリオのシミュレーションを行った(森信編 2008)。すると、子ども一人当たり年間約五万円の税額控除を給付することが可能という結果となった。年間五万円では、現在の児童手当額(三歳以上年間六万円)にも満たない額であり、当然のことながら大きな貧困率の減少は望めない。子どもの貧困にインパクトを与えるためには、現在の控除枠をこちらからあちらへ移すというような税収中立の前提ではなく、より大きな財源を投入する必要があることはいうまでもない。しかし、この程度の小さな改革でさえも、高所得層から低所得の子どものある世帯へと所得移転を促すことができるのである。このことを示せたことは、今後の税制改革の一つの方向性として意味がある。

公教育改革

筆者は教育学者ではないため、教育改革全般については、多くの教育を専門とする研究者が意見を述べているので、そちらを参考とされたい。ここでは、貧困の研究者という立場から、簡単な提案をいくつか述べたい。

まず、最低限保障されるべき教育(学力)が日本の子どもすべてが享受するために「11のステップ」の6番目で述べたように、義務教育レベルでの「完全なアクセス」を確保しなければならない。そのために、給食費などの外部化された費用を、教育費の一部として捉えなおす必要がある。就学援助費の制度は存在するものの、その費用を最初から教育費に組み込んでおくべきである。すべての子どもが「社会において自立的に生きる基礎」(教育基本法第5条2項)を得られるように義務教育を拡充するのである。そのためには家庭の状態など不利な状況にある子どもにはより手厚い支援をすることも含まれる。その一つは、第5章で述べたような「ヘッド・スタート」をイメージする保育改革である。保育所が、子どもの貧困問題に立ち向かう「最初の砦」である事実を認識し、それ相応の財源を投入するべきである。

次のステップとしては、高校までの教育権の確立も視野に入れるべきである。折りしも、野党の中では、すでに、「高校・大学学費の無償化」を政策に盛り込むことが検討されている。「義務教育」を、日本の社会に出て、独り立ちをする、最低限の「スタートライン」と考えるのであれば、中学校までの教育では難しいのが現状である。現在の労働市場において、中卒や高校中退者は、非常に不利な立場におかれている。筆者が行った調査では、一般市民の過半数が、すべての希望する子どもが高校までの教育を受けられるべきであるという回答をしていることを踏まえると、この案はそう突拍子もないものではない。

しかし、「高校までの教育を保障」するということは、ただ単に高校までの授業料を無料にするというだけではない。先に見てきたように、貧困世帯の子どもが抱える学力問題は、教育費の少なさだけから発生しているわけではない。学習する意欲や能力を引き伸ばし、そして、常に背景にある家庭の経済問題から派生する諸問題を解決する「教育」が必要なのである。そうでなければ、ただ単に「中卒」や「高校中退者」に、「高卒」というレッテルを貼りなおすだけとなってしまう。韓国においては、高校卒業者の大学進学率が八四％であるというが（「統一日報」二〇〇八年九月一〇日付）、大学卒業者であっても「ワーキング・プア」である人がいるという（ＮＨＫ「ワーキングプアⅢ―解決への道」二〇〇七年一二月一六日放映）。「学歴インフレ」と呼ばれる現象である。

近年、数校の有名大学が大学院の教育を無料とした。大学としては、貧困の学生に対する支援策というよりも、優秀な学生を集めるという観点から大学院無料化を推し進めていると考えられるが、どちらにせよ、これは歓迎すべき動きである。しかし、筆者は、すべての子どもが大学へ進学する必要はないと考える。すべての進学したい子どもができるようにするべきである。そして、それと同時に、進学を選ばない子どもたちにも、「まっとうな仕事」を獲得できるだけの「最低限の教育」を身につけさせるべきである。そのためには、労働市場の改革も必要であるし、そして、やはり、公教育の改革が必要である。

4 「少子化対策」ではなく「子ども対策」を

子どもに関する対策を「少子化対策」と思っている人は少なくない。これまでみてきたように、政策立案の過程においても、欧米諸国では子どもの貧困が重要な政策課題であるのに比べ、日本では「子どもの貧困」という視点はほとんど論じられてこなかった。実際に、日本は先進諸国の中でも長い間低い失業率を保ち、子どもをもつ世帯は比較的に均一であり、高齢者世帯や単身世帯に比べて豊かであった。このような中で、子どもの貧困に対する政策のプライオリティが低くなり、出生率の低下、労働力の減少などに現れる目の前の少子化問題を最重要課題とする家族政策が推し進められてきたのも、当然といえば当然の流れである。そのため、日本の子どもに関する対策は、女性や男性の育児休暇取得率の上昇や、保育所の拡充、児童手当の対象者の拡大(一人当たり給付額を伴わない)といったメニューが並んでいる。これらの政策は、女性の就労と育児の両立を支援し、「ワーク・ライフ・バランス」を達成することにより、子どもを産みやすい環境を整えることを目的としている。政府は、二〇〇八年を「ワーク・ライフ・バランス（仕事と生活の調和）元年」と名付けて、少子化対策を一層充実させるとしている。
もちろん、現に人口が減少し始めている日本にとって、子ども数を増やすことが政策の課題であることは多くの人が認めるであろうし、何よりも、子育てがしやすい環境を作ることは重要であろう。しかし、これらの政策はどれも親の就労促進やストレス削減、そして出生率の上昇や女性の労働市場への進出によって労働人口の増加を促すものであり、「親」ないしは「国」のための政策である。立教大学の湯澤直美准教授の言葉を借りると「子どもそのものへのアプローチが乏しい」（『週刊東洋経済』二〇〇八年五月一七日号）。

本書が提唱したいのは、「子どもの幸せ（ウェル・ビーイング）のための政策」である。**子どもの数を増やすだけではなく、幸せな子どもの数を増やすことを目標とする政策である。**「少子化対策大臣」ではなく、「子ども大臣」が必要なのである。

そして、すべての子どもの幸せを追求するためには、急速に進展しつつある子どもの貧困に目を向けなければならない。近年になって、やっと、政治の場でも子どもの貧困を政策課題として打ち出しているものの、未だに、日本においては、この問題を真っ向から論じているものは少ない。親の経済状況や家庭環境にかかわりなく、すべての子どもが、幸せで健全な発育の場と、教育の機会が与えられること、それこそが政策の最重要課題であり、そして、その目的は家族政策の範疇に収まる話ではない。いくら児童手当を五〇〇〇円から一万円に引き上げたからといって、同時期に、社会保険料や税の負担を増やし、労働市場では非正規化が推し進められているのであれば、子どもの状況は悪化してしまうのである。本書でみてきたような、子どもの貧困率の逆転現象は、日本の政策が「少子化政策」であっても、「子ども政策」ではないことを一番よくあらわしている。

本書で述べてきた内容のなかでも、特に強調したいのが、**すべての子どもが享受すべき最低限の生活と教育を社会が保障するべきである**ということである。日本の人々が考える「子どもの最低限の生活」は、他の先進諸国に比べて低い傾向にあるものの、それでも、現在、それらが満たされていない子どもが存在する。義務教育(最低限の教育)、医療制度、最低生活保障。戦後の日本の経済成長と社会保障の発展のなかで、達成されたと考えられていた、さまざまな防貧のセーフティネットが充分な機能を果たせなくなってきているのである。この機能を回復すること、それが、子どものウェル・ビーイングに繋がり、幸せな子どもの数を増やすことになるのである。

本章では、子どもの貧困の削減のための具体的な案を検討してきた。いささか大胆な提案もいくつか含まれており、政策立案に精通している読者であれば大胆すぎると批判される内容かもしれないが、あえて、ここでは自由な発想で提案させていただいた。本書が、「子ども対策」の議論の出発点となれば、筆者としてはうれしい限りである。

あとがき

一九九八年二月、新宿駅西口の段ボール村が消滅した。つい数週間前まで、ここは寒さと危険から逃れてきた二〇〇人以上ものホームレスの人々が段ボール・ハウスで生活する「村」だった。新都心のど真ん中、都庁のお膝元にできたこの「村」は、バブル崩壊後の日本において「貧困」の存在を市民の目の前につきつけるものだった。行政による何度もの「強制撤去」の危機にも屈せず、最後の生きる場所を守ろうとする人々が必死の「闘争」を繰り広げていた。しかし、火災という不運と「自主撤廃」というぎりぎりの選択肢に迫られて、ある日、村は忽然と消え去り、そこはフェンスで囲まれた無機質な空間にかわっていた。

その不自然な空間を、通行人は何事もなかったかのように、振り向きもせずに通り過ぎていた。ここで多くの人が生活していたという事実は痕跡すら残されていなかった。こうして、社会の底辺ながらも精一杯生きていた彼らの「生」は忘れられていった。

「貧困」を「醜いもの」として見えないところに追いやり、「自己責任である」という説明で自らを納得させて意識の外にさえ排除してしまう社会。私は、そのフェンスの前に文字通り釘付けになり、動くことができなかった。私の貧困研究の発端は、ここにあるといってもよい。日本の貧困の現状について、多くの人が納得できるデータを作りたい。それが、私の研究テーマである。

それから一〇年の時が流れ、このような本を出版させていただくことになった。その間、「格差社会」という言葉が当たり前のように使われるようになり、二〇〇八年に入ってからは「貧困」「ワーキング・プア」などという言葉もちらほら見かけるようになった。このことは、「貧困」が社会問題として認知されつつあるということを示しているのかもしれない。一方で、それだけ「貧困問題」が深刻になってきたということの表れでもあろう。しかし、「格差論争」がすでに下火になってきたことからも示唆されるように、「貧困論争」も実質的な政策の変換を伴わずに、一時的なブームで終わってしまう可能性もある。「格差」や「貧困」を、「上流」「下流」、「勝ち組」「負け組」といったラベル付けに象徴されるような、一種の「ゲーム」的な関心で語っているだけでは、「貧困」も「格差」も、新宿西口のホームレスの人々と同様に、いつのまにか「見えなく」なり、「語られなく」なるであろう。それは、「貧困」や「格差」が解消したからではなく、ただ単に、社会がそれを見ることにあきてしまい、見ることをやめたからである。

*

この本を出版するにあたり、常に心の隅に小さなわだかまりが残る。それは、本書が「子どもの貧困」を題材としており、日本の社会に存在する他の年齢層の貧困に焦点をあてていないことである。第2章にても述べたように、日本の社会の中で一番高い貧困率を呈しているのは高齢層であるし、極貧とも言える状態にある野宿者の多くは五〇代、インターネット・カフェなどで生活する不安定雇用層の多くは二〇―三〇代の若者である。「子どもの貧困」は、日本の貧困問題の一角に過ぎない。

それでも「子どもの貧困」に焦点を絞ったのは、貧困対策を提唱する際に常に生じる「自己責任論」との緊張が、子どもの貧困に特化すれば、それほど強く生じないからである。また、「卵が先か、にわとりが先か」ではないが、子どもの貧困に対処し、貧困の連鎖を断ち切ることで、大人の貧困ものちのちには緩和できると考えるからである。「子どもの貧困」に特化したことは、決して、そのほかの貧困問題、たとえば、単身女性や、子育て後の母子世帯の母親、高齢者の貧困問題が深刻ではない、ということではないことを強調しておきたい。

＊

この本を執筆するにあたって、多くの方にお世話になった。「子どもの貧困」がこれほど注目を集めるようになる一年以上も前に企画を通してくださった岩波書店の上田麻里さん。原稿の締め切りが近づく中で、いろいろ心労をおかけしたことをお詫び申し上げたい。データの入力から文章の校正まで、ずぼらな私をずっとサポートしてくれているアシスタントの進藤理恵さん、福山洋子さん。この場を借りて、日ごろのサポートに御礼申し上げる。

この本は、二〇〇六年の「母子世帯の生活の変化調査」に参加してくださったNPO法人しんぐるまざあず・ふぉーらむ、NPO法人しんぐるまざあず・ふぉーらむ関西、NPO法人しんぐるまざあず・ふぉーらむ福岡、ハンド・イン・ハンドの会、NPO法人Wink、母子寡婦福祉関係の三団体、および、調査に回答してくださった方々の協力がなくては完成しなかった。紙面の都合で全部掲載することができなかったが、記入されたコメントには思わず涙ぐむものも多かった。掲載させていただいた方々および掲載できなかった方々に、厚く御礼申し上げたい。

また、本書の分析の多くは、厚生労働科学研究費の補助金の助成を受けて行い、すでに学術誌などで発表された研究であることを付け加えておきたい。かかわった厚生労働科学研究事業の主任研究者の方々、および、分担研究者、研究協力者の方々には数々のコメントおよびサポートをいただいた。加えて、比較的に自由な研究活動を許してくれている国立社会保障・人口問題研究所にも感謝の意を表したい。

最後の感謝は、仕事と子育ての両面において常に私のパートナーであり、サポーターである夫の阿部直也に捧げたい。私の貧困研究者としての一〇年間の歩みは、夫との結婚生活と重なる。私の研究者としての成果はすべて、夫の励ましによって成り立っていることをここに記しておきたい。

二〇〇八年一〇月

阿部　彩

団体調査)の結果報告」社会政策学会第113回大会配布資料,2006年
OECD「対日経済審査報告」2006年
OECD編著『図表で見る世界の社会問題——OECD社会政策指標:貧困・不平等・社会的排除の国際比較』高木郁朗監訳,麻生裕子訳,明石書店,2006年
吉川徹『学歴と格差・不平等——成熟する日本型学歴社会』東京大学出版会,2006年
厚生労働省編『平成16年 国民生活基礎調査』厚生統計協会,2006年
国立教育政策研究所編『OECD生徒の学習到達度調査(PISA調査) 生きるための知識と技能——2006年調査国際結果報告書』ぎょうせい,2006年
小杉礼子・堀有喜衣『若者の包括的な移行支援に関する予備的検討』JILPT資料シリーズNo.15,労働政策研究・研修機構,2006年
子ども未来財団『平成17年度 児童関連サービス調査研究等事業報告書 子育て家庭の経済状況に関する調査研究 報告書概要』財団法人こども未来財団HP,2006年2月
生活保護制度研究会編『保護のてびき』平成18年度版,第一法規出版,2006年
府川哲夫「第2章 国際的にみた日本の所得再分配」小塩隆士・田近栄治・府川哲夫編『日本の所得分配——格差拡大と政策の役割』東京大学出版会,2006年
阿部彩「日本における社会排除の実態とその要因」『季刊社会保障研究』第43巻第1号,東京大学出版会,2007年
——「母子世帯に対する政策——児童扶養手当の満額受給有期化の意味」『生活経済政策』No.127,8月号,生活経済政策研究所,2007年
——「母子世帯になってからの期間と勤労所得」厚生労働科学研究費補助金政策科学推進研究事業「日本の社会保障制度における社会的包摂(ソーシャル・インクルージョン)効果の研究」平成18年度報告書,2007年

主要参考文献

岩川直樹・伊田広行編著『貧困と学力』明石書店，2007 年
岩田正美『現代の貧困――ワーキングプア／ホームレス／生活保護』筑摩書房，2007 年
NPO 法人しんぐるまざあず・ふぉーらむ編『母子家庭の仕事とくらし――母子家庭の就労・子育て実態調査報告書』しんぐるまざあず・ふぉーらむ，2007 年
菊地英明「排除されているのは誰か？――「社会生活に関する実態調査」からの検討」『季刊社会保障研究』第 43 巻第 1 号，東京大学出版会，2007 年
厚生労働省『平成 18 年度 全国母子世帯等調査結果報告』厚生労働省雇用均等・児童家庭局，2007 年
小宮幸夫「だれもが安心して学べる小・中学校を――教育の機会均等を支える就学援助」岩川直樹・伊田広行編著『貧困と学力』明石書店，2007 年
生活保護の動向編集委員会編『生活保護の動向　平成 19 年版』中央法規出版，2007 年
田中聡一郎「ワークフェアと所得保障」埋橋孝文編著『ワークフェア――排除から包摂へ？』法律文化社，2007 年
松本伊智朗「子ども：子どもの貧困と社会的公正」青木紀・杉村宏編著『現代の貧困と不平等―日本・アメリカの現実と反貧困戦略―』明石書店，2007 年
松山潤子「無償のはずなのに，お金のかかる義務教育」岩川直樹・伊田広行編著『貧困と学力』明石書店，2007 年
道中隆「保護受給層の貧困の様相――保護受給世帯における貧困の固定化と世代的連鎖」『生活経済政策』no. 127，2007 年 8 月
湯浅克人「生活保護世帯の子どもの高校進学を支える」岩川直樹・伊田広行編著『貧困と学力』明石書店，2007 年
浅井春夫・松本伊智朗・湯澤直美編『子どもの貧困――子ども時代のしあわせ平等のために』明石書店，2008 年
阿部彩「日本における子育て世帯の社会的排除と社会政策」社会政策学会編『社会政策学会誌　第 19 号』法律文化社，2008 年(a)
――「低所得層の実態の把握」厚生労働科学研究費補助金政策科

学推進研究事業「低所得者の実態と社会保障のあり方に関する研究」平成19年度報告書，2008年(b)
岩田美香「貧困家庭と子育て支援」『季刊社会保障研究』第43巻第3号，東京大学出版会，2008年
NHKスペシャル『ワーキングプア』取材班編『ワーキングプア——解決への道』ポプラ社，2008年
大津和夫『置き去り社会の孤独』日本評論社，2008年
川松亮「児童相談所からみる子どもの虐待と貧困——虐待のハイリスク要因としての貧困」浅井春夫・松本伊智朗・湯澤直美編『子どもの貧困——子ども時代のしあわせ平等のために』明石書店，2008年
国立社会保障・人口問題研究所『社会保障統計年報　平成19年版』2008年
小西祐馬「先進国における子どもの貧困研究——国際比較研究と貧困の世代的再生産をとらえる試み」浅井春夫・松本伊智朗・湯澤直美編『子どもの貧困——子ども時代のしあわせ平等のために』明石書店，2008年
周燕飛「養育費の徴収と母子世帯の経済的自立」労働政策研究・研修機構HP，2008年
鈴木亘「第5章　医療と生活保護」阿部彩・國枝繁樹・鈴木亘・林正義著『生活保護の経済分析』東京大学出版会，2008年
田宮遊子・四方理人「母子世帯の仕事と育児——生活時間の国際比較から」『季刊社会保障研究』第43巻第3号，東京大学出版会，2008年
堤未果『ルポ 貧困大国アメリカ』岩波新書，2008年
内閣府『平成20年版　少子化社会白書』2008年
実方伸子「保育の場からみる子どもの貧困——子どもと家族をまるごと支える」浅井春夫・松本伊智朗・湯澤直美『子どもの貧困——子ども時代のしあわせ平等のために』明石書店，2008年
湯浅誠『反貧困——「すべり台社会」からの脱出』岩波新書，2008年
森信茂樹編『給付つき税額控除』中央経済社，2008年

山野良一『子どもの最貧国・日本——学力・心身・社会におよぶ諸影響』光文社新書，2008 年
Mack, J. and Lansley, S., *Poor Britain*, Allen and Unwin, 1985.
Townsend, P., *The International Analysis of Poverty*, Harvester Wheatsheaf, 1993.
Duncan, G., and Brooks-Gunn, J., eds., *Consequence of Growing Up Poor*, Russell Sage Foundation, 1997.
Corcoran, M. & Adams, T., "Race, Sex, and the Intergenerational Transmission of Poverty," Duncan, G., & Brooks-Gunn, J., eds., *Consequences of Growing Up Poor*, Russell Sage Foundation, 1997.
Duncan, G. & Brooks-Gunn, J., "Income Effects Across the Life Span: Integration and Interpretation," Duncan, G. & Brooks-Gunn, J., eds., *Consequences of Growing Up Poor*, Russell Sage Foundation, 1997.
Hauser, R.M., & Sweeney, M. M., "Does Poverty in Adolescence Affect the Life Chances of High School Graduates?", Duncan, G., & Brooks-Gunn, J., eds., *Consequences of Growing Up Poor*, 1997.
Duncan, G., Yeung, W.J., Brooks-Gunn, J. and Smith, J., "How Much Does Childhood Poverty Affect the Life Chances of Children?", *American Sociological Review*, Vol.63, 1998.
Haaga, J. & Moffitt, R., *Welfare, the Family, and Reproductive Behavior: Report of a Meeting*, National Research Council, Committee on Population Board on Children, Youth, and Families, 1998.
Gordon,D. et al., *Poverty and Social Exclusion in Britain*, Rowntree Foundation. 2000.
Case, Anne, Lubotsky, Darren and Paxson, Christine, "Economic Status and Health in Childhood: The Origins of the Gradient." *The American Economic Review*, 92(5), 2002.
Garces, E., Thomas, D. and Currie, J., "Longer-Term Effects of Head Start," *The American Economic Review*, Vol.92, No.4,

2002.
Clark-Kauffman, E., Duncan, G. & Morris, P., "How Welfare Policies Affect Child and Adolescent Achievement", *The American Economic Review*, Vol.93, No.2, 2003.
Currie, Janet and Stabile, Mark, "Socioeconomic Status and Child Health: Why Is the Relationship Stronger for Older Children?", *The American Economic Review*, Vol.93, No.5, 2003.
Förster, M.& Mira d'Ercole, M., "Income Distribution and Poverty in OECD Countries in the Second-Half of the 1990s," OECD Social Employment and Migration Working Papers 22, DELSA/ELSA/WD/SEM, 2005.
OECD, "Economic Survey of Japan 2006," http://www.oecd.org/, 2006.
—— *Education at a Glance 2007*, OECD, 2007.
UNICEF, *An Overview of child well-being in rich countries*, UNICEF Innocenti Research Centre Report Card 7, 2007.